太陽之法

邁向愛爾康大靈之路

Ryuho Okawa
大川隆法

台灣幸福科學出版有限公司

前言

自從一九八六年九月我寫下舊版的《太陽之法》，至今就快要經過八年的歲月。此書是我寫下的第一本理論書，包括文庫本，現已成為銷售超過數百萬冊的暢銷著作，大川隆法之名以及幸福科學的存在為全日本所知，此書的英文譯本，亦於紐約、倫敦、開羅、斯里蘭卡、西藏、雪梨有著眾多愛讀者。

對我來說，雖然本書的內容難以割捨，但此次我徹底地加以改寫，做為新版書籍，由幸福科學出版重新發行問世。其理由之一是，過去八年期間，我自身的覺悟有了大幅的進展。另一個理由則是，在當時寫下前言時，既沒有幸福科學的存在，亦沒有任何一位會員，但時至今日，幸福科學已成為一個足以代表日本的大教團。

在發行新版之際，我花費了數十小時，徹底地進行靈界驗證，並根據新發現的事實，大幅地改寫了本書內容。此外，關於我自身個人過去的歷史，我也盡可能地詳細且客觀地，寫下了新的內容（参照第六章）。似乎這個國家的媒體記者、宗教學者無法理解謙讓的美德，因此我試著不矯飾地、率直地寫了下來。

這一本《太陽之法》是無限神秘的一書。但願各位勿以「常識」加以理解，而是將本書內容置換為各位自身的「常識」。我期待著遠遠超過四千萬人（二〇一九年現在，包括全世界已有數億人）的大川隆法書籍的愛讀者們，將本書內容化為「世界常識」的一天早日來臨。

一九九四年六月

幸福科學集團創立者兼總裁　大川隆法

目錄 Contents

第二章

佛法真理的昇華……51

第三章

愛的大河……91

第四章

覺悟的極致……129

第五章

黃金時代

第六章

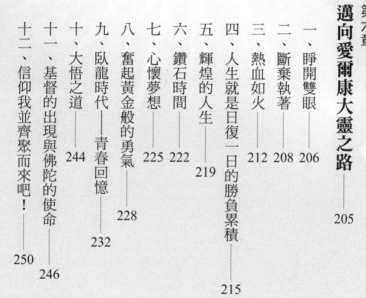

邁向愛爾康大靈之路……205

第一章
太陽昇起之時

一、佛法真理之太陽

有個詞稱為「佛法真理」。所謂佛法真理就是佛心、佛規以及佛生命流轉之姿，這也意味著人類史上有一縷黃金絲線貫穿過去、現在和未來。

這縷名為佛法真理的黃金絲線，在人類歷史上編織了許多美好的織品，為人心抵禦風寒。這美好的織品，有時是印度的釋迦教誨、有時是以中國孔子為中心的儒家思想、有時是以色列的耶穌・基督愛的教義。

雖然如此，為人心抵禦風寒的織品不僅出現在兩、三千年前。其實從幾千年前開始到現在，大大小小、各式各樣的織品，在世間不斷出現。

例如佛教，姑且不說印度的龍樹、中國的天臺智顗等高僧輩出，在日本以空海為代表的「平安佛教」、法然、親鸞、榮西、道元、明惠、日蓮和一遍等為代表的「鎌倉佛教」的復興，也屬於佛法真理的織品，室町時代蓮如的「淨土真宗」之中興亦同。如今，「幸福科學」在日本興起了第五次宗教熱潮（注1），這至高無上的佛法真理織品已進入了完成階段。

如上所述，佛為了讓人們的心能夠抵禦「人生只限於世間」的狹隘、膚淺的唯物思潮侵蝕，替人心穿上了各式各樣的保暖衣服。換句話說，佛就是為了不斷給予人心照射光與熱，而昇起這名為「佛法真理」太陽的大恩人。

這輪佛法真理的太陽，總是為人類供給了無限的光能。是的，太陽永遠在天空放射光芒，永遠放射著燦爛的光芒。但是，就如同偶爾會有烏雲蔽日、寒風暴雨侵襲的情形一樣，有時看起來好像佛法真理的太陽也會從人們面前隱去身姿，沉默不語。

然而，在無際的雲海上，那毅然地放射黃金光芒的太陽依舊存在。因此，即便世間的人心一時混亂，佛法真理之光看似已消失，但必有一道佛法真理之光會穿透雲霧，照射人間。

這道光明即是救贖之光、救世之光，是將人類從黑暗之中救起的生命之光。

我接下來要向人們講述的《太陽之法》，乃是以真實的言語去描述，那看似一度沉落的佛法真理太陽，在相隔兩千多年後再次以無窮的光能，從遙遠地平線赫然噴薄而出的事實。同時，它帶給了現代人們希望，亦是留給後人的黃金寶藏。

今後隨著佛法真理太陽騰昇，將從地球的一角，放射出萬丈光芒，這一角就是佛陀再誕之地——日本。因此，人們今後將會目睹佛法真理太陽以日本為中心，燦爛悠然地昇起之姿。現在，世界需要光明，為了粉碎世間之人汲汲營營地打造名為「迷妄」的黑暗堡壘，故以旭日昇天之勢，普及佛法真理為當務之急。

為了傳佈佛法真理，為了打造人生的偉業，並且為了有更多人能夠奮起，我寫下了這《太陽之法》。

書中的每字每句都蘊含著我的救世悲願，希望字字句句都能成為生命之言、光明之語，成為同住在地球之人的座右銘。

二、何謂佛

現在生活在地上三次元世界的人們，是否曾認真思考過什麼是真正的「人生」？如果曾經做過深思，得到的又是怎樣的結論呢？我認為，要想思考人生，首先必須要思考「根據什麼來給人生下定義」。

也許有許多人認為，所謂人生，不過就是人在世間，從出生到死亡短短幾十年的時間而已。若抱持著這種想法，那麼在閱讀完本書之後，你的人生觀將會瞬間被徹底地推翻。

如果人生是有限的，出生後被雙親命名，以一個特定的名字死去，之後只剩下一把灰以及連狗飼料都當不成的骨頭，其餘的都變成二氧化碳和水蒸氣，消散於空中的話，人們究竟為何要努力生活？為什麼要學習？為什麼要奮鬥？並且為什麼要磨練人生觀、追求夢想？

難道說，兩千五百多年前的喬答摩・悉達多（Gautama Siddhartha，釋迦牟尼）在印度所宣揚的教義（佛法）完全是騙人的謊言嗎？釋迦用他八十年的生涯，講述了人生意義、使命，以及有關實在界的存在等教義（注2），也只不過是迷惑世人的空言嗎？絕非如此。那錚錚真理之言絕非是不成熟之人所能講解的。

自誇是現代知識分子的人們啊！你們究竟有誰能說自己已大徹大悟，可以一語道破釋尊之真理？

如果斷言釋尊的教義是謊言的話，那麼兩千年前的耶穌・基督說的真理也是空談嗎？耶穌・基督受到世上十幾億人的尊敬，能把耶穌・基督堅信不疑的「神」，看成是獨斷、偏見的捏造空論嗎？如果有人敢說，在客西馬尼園被戴上荊棘冠、綁在十字架上、流著血汗為民眾祈禱的真理使者是個狂人的話，這個人就應該先在世人面前證明自己不是狂人。

有一些乍看之下是科學合理主義的人說著：「如果能把靈魂拿出來讓我看，我就相信。」我要對這些人說：「在受到人類數千年頌揚的釋迦和基督等偉人的面前，應該先脫帽致敬之後再發表自己的言論」、「如果自以為能夠嘲笑人類數千年來所尊敬的偉人教誨，就應該先證明自己比這些偉人有更高尚的人格」。不可能有人做得到的。因為至今未曾有人能夠比得上，獲得人類最高覺悟的釋迦，以及接受了釋迦本體意識「愛爾康大靈」（EL Cantare）指導的耶穌・基督，有更加深澈的真理領悟。

因此各位應該要虛心坦誠地學習什麼是佛的教義，這才是具有真正意義的科學實證精神。

探究人生，就必定會在某處遇見佛的引導。人生整個旅程皆有機緣知曉佛的教義，生與死是最大的機緣，此外，在疾病、戀愛或挫折之時，也能看到佛姿。

我將透過本書，去回答「何謂佛」，同時對「什麼是人生的目的和使命」做出提示與解答。

三、存在與時間

人生在世間，便沐浴著燦爛的陽光，目睹森羅萬象。人必須發現貫穿於其中的真理，且要領悟此真理的普遍法則。

這條法則就是生生流轉的法則，人類、動物、植物、礦物以及微生物等天地萬物，都是在這條法則的支配下才得以生存。

生生流轉的法則，即是指世間萬物依循著誕生、成長、衰退，繼而進入死亡的過程。人當然也不例外，也會有誕生、成長時期、逐步衰老的過程，最後是死亡時刻的來臨。

無論是自然還是人為，萬事萬物均不可能逃避這條法則。以汽車為例，一輛汽車會經過生產和被駕駛的過程，一直到發生故障，最後報廢。植物也是一樣，從播種、發芽生長、開花結果，然後在花謝之後留下種子或球根來繁衍下一代，原本的植株在老化後，便從這個世界上消失匿跡。

由此看來，在三次元世界的所有事物，都必定要經過誕生、生長或運轉、衰退或故障、滅亡或解體等四個過程。

換言之，三次元時間的一切現象，會隨著時間有所轉變，沒有靜止的一刻。一切事物都是以轉變為前提，才得以存在。

也就是說，世間的存在，在轉變、流轉的條件下，就如同「時間」放映機上的膠捲，內含流轉的「時間」性質。

簡而言之，世間的一切存在無時無刻都在變化，不會保持完全相同的狀態。以人的肉體細胞來說，昨天的狀態與今天的狀態就不會完全相同。

雖然身體細胞日日在變化著，但被命名的這個人卻是有實體存在的。換言之，存在於變動時間中的萬物之背後，存在著某種不變、不動，此即稱之為「實在」。人、動物、植物皆然。

譬如說，一枝花，就不僅是植物細胞偶然的集合體。如果僅是植物細胞偶然的集合體，花就會在生生流轉的法則下，變成花以外的物體了。

但花畢竟是花。昨天是花、今天是花、明天也還是花，只能夠在花所應有的狀態中變化，絕不可能變成動物或人。

菊花不可能在成長過程中忽然變成鬱金香，鬱金香也不可能忽然變成大波斯菊。終究鬱金香度過的是鬱金香自己的一生。

變化之中有不變的東西，流轉之中有不動的東西。那個「東西」有時被稱為「實在」、有時被稱為「理念」、有時被稱為「Idea」。

佛教名言「色即是空，空即是色」，正是一語道破了我所說的真理：「變化的背後有著不變的實在、普遍性的存在，而這個實在被投影成生生流轉的各種世間存在。」

不能把時時刻刻都在變化的、不可靠的肉體細胞集合體說成是「人」。人的本質不是隨時轉變、流逝的虛幻個體，而是永恆的實在。這個不變的實在就是生命、就是魂、就是靈。

我在此使用「靈」這個字，並不是指什麼不可思議的特異現象，而是指人的本質、不變實在的「本質」、生命的「原型」。

支配肉體的是具有個性的知性，以及使肉體得以存在的個性意識體，這就是人的本質。所以無論世人對「靈」有怎樣的看法，真相只有一個，即「花有花的生命體，人有人的生命體」。

四、有限與無限

瞭解存在與時間的概念後，接下來要論述超越時間和空間之「有限」與「無限」的問題。

人生，究竟是有限抑或是無限？宇宙，到底是有限抑或是無限？這是多數人常常會產生的疑問。

在提出結論之前，先講一則寓言故事。

「從前，有一隻大海龜，牠在移動右腳時需要花費十分鐘，同樣，在移動左腳時也要用去十分鐘，移動後腳時也各需要十分鐘，也就是說，這隻大海龜想移動身體就要花上四十分鐘的時間。某天，海龜忽然對海岸到底有無盡頭產生了疑問，於是決定來一次前所未有的探險。海龜在舉頭凝視一望無際的海岸後，便開始竭盡全力的爬行。

這隻每前進一步就要花四十分鐘的海龜，開始測量海岸線。為了不忘記已走過的路，牠刻意在沙灘上留下點點足跡，以免自己走回頭路，看起來這是隻聰明的海龜。

但是不管牠怎麼拚命地爬，海岸卻總是顯得遙遙無邊。終於在某一天，海龜精疲力盡，自以為已經走了半個世界，牠死去了。

翌日，島上的一位漁夫發現這隻海龜，便將海龜拖到島的另一邊，把牠吃掉了。漁夫走到島的另一邊，用了很長的時間嗎？不，那位健康的漁夫只用了十分鐘而已。

可憐的海龜，至死都不知道自己只不過是在小島沙灘上繞圈，而牠刻意留下的足跡也被無情的海浪沖掉了。」

每當我在思考有關「有限與無限」的問題時，總會想起「海龜與漁夫」的寓言。海龜與漁夫有什麼差別呢？當然，在行走速度和身體的大小上有差別，也可以說在經驗上有差別。

其實，海龜與漁夫最根本的差別是在認識力上。海龜為了達到目的所做出的努力以及牠的滿腔熱情雖然令人欽佩，可是為什麼結局卻讓人感到悲哀呢？我認為，這充分地說明了知與不知、可知與無知的差別。

如果用「海龜與漁夫」和「唯物主義者與體會真理者」做比較的話，一定會有人跳出來生氣地說自己不是海龜。

若把人生看成只是有限的六、七十年，認為人在死後一切就結束，一味固執地認為自己肉眼所能看到的才是整個世界，不相信有超越五官感覺的世界存在，這樣的人就如同立誓去探險世界的海龜，只依靠自己的足跡，到頭來僅在小島上拚命地打轉而已。鼻頭上冒著油汗、拚命地過活，卻不知天高地厚，不得不令人感慨。

自古以來人就有著永恆的生命經歷，並且無數次的轉生，累積人世間的修行經驗。單以地球為磁場的空間來說，人類生命體的活動空間本就不限於這三次元地上界。人本是生活於實在界、四次元世界以上的人靈，這一空間可以擴展到五次元、六次元、七次元、八次元、九次元，以至最高十次元世界的階段。每個人根據心境層次的高低，居住在能夠與其協調的世界中。

因此，可以反問那些被宇宙是有限還是無限等問題所困擾著的人：「你所指的宇宙，是這個三次元宇宙呢？還是四次元以上的多次元宇宙呢？」

若用人體、服飾來比喻宇宙的話，三次元宇宙就像是赤身裸體的人；四次元宇宙就好比是遮擋軀體的內衣；五次元宇宙就是穿在內衣外的襯衫；六次元宇宙則是毛衣；七次元宇宙是毛衣外的外套；八次元宇宙是披在身上的大衣；而九次元宇宙則如頂上的帽子。

當然，上述只不過是一種比喻，但這個比喻可以清楚地表明多次元宇宙的構造。高次元宇宙完全覆蓋著低次元宇宙，然而彼此亦非完全無關。高次元有更高的目的，所以稱之為高次元宇宙。

五、多次元宇宙

在前一節中，我以人體和服飾對多次元宇宙做了比喻，可是這畢竟只是個比喻，接下來我要對多次元宇宙，做更深入的理論性說明。

首先，必須認清所謂「次元」究竟指的是什麼？我們常說人們生活在三次元空間裡，但「三次元空間」到底是指什麼呢？

「次元」是指某個世界的構成，是以多種要素來進行表現的世界觀。

譬如，一次元是以「點」為要素所連續構成的直線世界。如果在一次元世界中有居民的話，那麼這些居民只能以線的長短來做為區別彼此的基準，如果兩條線一樣長的人在一起，在無法衡量誰長誰短的情況下，便會出現分不清誰是誰的問題。

二次元是由「長和寬」為要素所構成的世界。長和寬可以決定出「面」來，所以二次元世界若有居民的話，就會像比目魚那樣有面而沒有厚度。因此，長與寬相同的人也無法區分彼此。

接下來即是我們現在居住的三次元世界，三次元是由「長、寬、高」為要素所構成的世界。

長、寬、高可以構成「形狀」。如果從各種角度來看，三次元的居民若在身高、體寬和厚度上有不同的話，就不能說是同一個人，故區分彼此的條件比二次元的比目魚人來得複雜。

四次元世界，是在三次元世界的長、寬、高之上添加了「時間」的要素。在三次元世界中，相同空間內所存在的事物，具有相同的時間，人們接觸的事物必定是發生在某年某月某日某時的同一個時間中，但四次元世界未必如此。

簡單地說，當四次元的居民相互握手時，雙方不一定會是同一個時代的人。例如：鎌倉時代（西元一一八五年～一三三三年）的人可以和昭和時代（西元一九二六年～一九八五年）的人，在同一個地點握手，這樣的事在三次元世界裡絕不可能發生。在四次元世界中要辨認出眼前的建築物是現在的，還是昔日幻影十分困難，因為即使是幻影也同樣具有非常清晰的觸感、真實感。

因此在四次元世界中，居民的鐘錶指針方向各不相同。在四次元世界即使遇到平安時代（西元七九四年～一一八五年）的女子，她有可能還是處於當時二十多歲青春美貌的樣子。

在預測未來的問題上，原理也是相同的。總之，在三次元世界中屬於未來將發生的事情，在四次元世界中則可以像發生在眼前一樣地顯現出來。

五次元世界，又在長、寬、高和時間上添加了「精神」的要素，這五個要素構成了五次元世界。五次元世界居民在辨識彼此時，除了會看長、寬、高的形狀之外，還會以時代是否相同、精神境界有無差別等，做為判斷的基準。

五次元世界居住的條件是精神性的覺醒，要能夠認識到「人的本質並非物質」。衡量精神性的主要尺度是「善」，五次元世界是善人聚集的世界。

六次元世界，在長、寬、高、時間和精神等五個要素上，再添加了「真理知識」的要素。既會看彼此在形狀、時代、精神上是否相同，也要看彼此掌握了多少真理知識，這是六次元居民辨別彼此的衡量基準。六次元世界居民的資格，必須是具備了佛法真理知識、有道德的善人。在這個世界當然還存在著對真理知識吸收量上的差別，這使得六次元世界中產生了上下之層次，但至少六次元世界的共同點是人人相信真理。

六、高次元宇宙

接下來對七次元世界進行說明。

七次元世界，是在六次元世界的長、寬、高、時間、精神和真理知識的六個要素上再加上「利他」的要素。若從不帶有褒貶的觀點來看，六次元世界以下的居民還是為了利己而生存，即使進化到了六次元世界的高度，也還是為了自己的進步，努力吸收真理知識。從宏觀上來看，到六次元為止的居民仍相當於學生，還沒有進入社會。如果把六次元的居民比作大學生的話，五次元的居民就可以說是高中生，四次元的居民是國中生，三次元的人則只不過是小學生而已。

當進入七次元世界才結束了學生生活，走入實際的社會。七次元居民主要關心的問題是如何「利他」，心中有「愛」，在行動中力行「奉獻」。因此，七次元世界的居民不但彼此互相施愛、奉獻，還指導著六次元世界以下的居民。尤其為了拯救那些雖然脫離了肉體生活，卻仍迷惑在四次元之中的人們，不斷地做著各種努力。他們在降生到三次元世界時，以肉體人的形態實踐著愛和奉獻。所以說，七次元世界存在著很值得尊敬的人民。

八次元世界在長、寬、高、時間、精神、真理知識和利他的七個要素上又加上「慈悲」的要素。慈悲，即「施予」的心境。居高而不吝嗇，一視同仁、不斷地施捨、給予，這種心境就是慈悲。如果把七次元的愛看作是「施愛」的話，那麼八次元世界的愛，就可以說是更高層次的「不斷給予的愛」或「無限的愛」。

把努力積蓄下來的愛施予他人，並且根據不同的對象，施愛之色彩濃淡也會有所不同，所以說七次元的愛乃是人性努力下的產物。然而，八次元的愛，則如太陽般的溫暖，是無盡的愛，是慈悲、是「公平無私的愛」。在這樣的愛當中已不存有任何私心，也不會有施愛程度上的差別，八次元居民可說是無限之愛的供給者，具備了真正領導者的資格。

九次元世界，在長、寬、高、時間、精神、真理知識、利他和慈悲的八個要素上再加上「宇宙」的要素。到八次元世界空間內為止的居民，還是生活在覆蓋於地球的平流層內部，活動在以地球磁場構成的多次元世界中。但是九次元世界並不侷限於地球系，還能夠與太陽系以外的其他星團、靈界聯絡交流。在大宇宙進化的過程中，九次元的靈是地球系靈團的指導者。其教義廣布全世界宗教之人格神、根本佛、根本神，幾乎都是存在於九次元。如上所述，九次元是法的根源世界。

在九次元世界中，只能根據法根源的光色不同來分辨。當然，佛法同源，不過由於九次元世界居民具有不同的個性，因此佛法分成七色光芒。

此外，在九次元世界之上還有地球系靈團最高層次的十次元世界。十次元世界中已不存在降生世間持有肉體的人靈了，十次元世界中只存在著「三體意識」。

十次元的構成要素是在八次元的慈悲、九次元的宇宙之上再加上「創造和進化」要素。十次元中沒有人靈之個性差別，只有在創造和進化方面有著不同的職責。十次元的三體意識即「大日意識」、「月意識」、「地球意識」。「大日意識」是統括人類和所有地球生物的積極意志、陽性之主宰。「月意識」是統管著消極、優美、女性的一面。「地球意識」是地球生命體的意識，統管地球上的天地創造，約四十六億年的地球歷史，可以說是在這三個意識體的作用下展開的。

地球系到十次元為止，而太陽系則有十一次元世界。十一次元世界的構成要素是「太陽系使命」，太陽的生命體、靈體本身即十一次元世界之存在。在此之上，還有十二次元的「銀河意識」，他是統管銀河系宇宙計畫的巨大靈體，統治著幾萬、幾十萬個如太陽系的太陽靈和十一次元恆星意識（相對來說，十次元存在可以稱作行星意識）。

以上是能夠用言詞表達的範圍，大宇宙的根本佛（根本神）至少是二十次元以上的存在。

七、生命誕生之一：星球誕生

如果說「人死後，其靈魂將何去何從？」是宗教上主要關心的問題，那麼有關人和生物如何誕生、生命之奧祕等，就可以說是科學上主要關心的課題了。我認為，宗教和科學所關心、探索的課題歸根究柢是相同的。為此，我將引用有關的實證來探討生命誕生的不可思議。

包括了我們所居住的地球的三次元宇宙空間，早在大約四百億年前就已經形成了。如果大宇宙的佛（根源之神）是二十次元或更高次元意識體的話，那麼根本佛的意識早在數千億年前悠久的遠古就已經存在了。

根本佛大約在一千億年前，意圖要創造三次元宇宙空間，大約八百億年前，依其意志創造了統括三次元宇宙的巨大靈體。此為十三次元意識之誕生，也是我們所能夠認識到宇宙最初靈體的誕生。

十三次元宇宙靈，是以創造大宇宙為使命的根本佛意識之投影。十三次元宇宙靈在大約六五〇億年前創造了十二次元星雲意識，其整體數量大約有兩百萬個。我們所歸屬的銀河系意識即其中之一。

繼而在六百億年前，十二次元星雲意識靈體創造了十一次元恆星意識靈，十一次元空間就此誕生了，這就是與我們相關的宇宙、十二次元銀河系意識靈體，也就是十一次元太陽系意識靈之誕生。

隨後，在距今五百三十億年前，銀河系以十一次元恆星意識為中心，開始了行星意識靈的創造，這就是十次元宇宙的誕生。十一次元太陽系靈的努力，使太陽系中之水星意識、金星意識、地球意識、火星意識、木星意識、土星意識等陸續誕生。這些行星意識靈的創造大約是在四百二十億年前完成的。

在距今四百億年前，大宇宙靈的內部發生了異變。這在十三次元大宇宙靈意識體內部接連不斷爆發的巨大火焰現象，類似核融合、核分裂現象，即所謂「宇宙大霹靂」

(The Big Bang)。

這使得在十三次元宇宙靈內部忽然形成一個漂浮的三次元空間，形似一個內臟器官。這個三次元宇宙空間在當時還不像現在如此井然有序，只像是個忽然顯現出來的透明水母一樣的胃袋形狀。為了使這個水母似的三次元宇宙空間更加明朗化，十二次元星雲意識、十一次元恆星意識以及十次元行星意識之間相互協力，使三次元宇宙空間內的行星、恆星和星雲等依次具體顯化了。

自四百億年前三次元宇宙空間出現以來，各個星雲、太陽系之間的宇宙創造進度都不盡相同。在銀河系中，我們的太陽系大約在一百億年前出現，之後在七十億年前有水星誕生，六十億年前金星誕生，繼而在大約四十六億年前地球終於誕生了，這就是最初期的星體以及生命意識體。

八、生命誕生之二：人靈與其他生命的誕生

雖然難以明確知道在大宇宙空間最早的人靈何時誕生，但早在四百億年前，三次元宇宙的原始形態就已形成，且在星雲、銀河系、太陽系等形成後，可以肯定的是，星球生命首先誕生，並且以星球生命為基礎，其他各種生命依此誕生。

為了不使話題複雜，在此只針對以太陽系為中心的個別生命誕生做重點闡述。

在三次元宇宙空間內部，太陽星球是在大約一百億年前出現的。隨後，到了七十億年前，水星出現了，但此時三次元宇宙還不具備得以讓生命生存的條件。

太陽系中最初生命的誕生，發生在美麗的「維納斯之星」金星形成後。在六十億年前金星形成後，經過了五億年時光，也就是大約在五十五億年前，十次元行星意識決定在太陽系中創造九次元世界。隨後，十次元行星意識便更積極地展開創造性的活動，首先創造了星球上生命體之統治者及具有最高度發達人格的大靈。這就是金星十次元意識

個性化最初的九次元大靈，稱之為「愛爾米奧靈」，也就是金星的統治者。

愛爾米奧靈首先在三次元的金星地表，創造出最初實驗用的生命體——植物與動物的複合體。其上半身似百合花，下半身有像人類一樣的雙腿，背後長滿了枝葉，依靠光合作用維持生命，其特徵是自我完結性強、長壽。

此後，愛爾米奧靈將植物和動物做了區分，使其各自經過了大約二十億年進化。在金星上，無論是植物還是動物，既美麗又優雅，與現在地球上的生命有所不同。植物綻放著似寶石的花朵，且散發著無與倫比的芳香；動物也顯得十分高雅，有些種類甚至能夠用言語互相溝通。

最後，愛爾米奧靈終於創造出與現代地球人相像的金星人。在十幾億年間，反覆的創造，使千百個文明得到了繁榮興隆，甚至達到了能以太空船與其他星團交流的文明。已經達到完成階段的金星人，從外觀上看雖與現代地球人很相似，但他們的智商卻高達IQ三百之上，且無論男女，外型都是散發著似珍珠般高雅光彩的天人。女性之美麗會讓當今選美大賽冠軍感到遜色羞愧。金星在當時是個洋溢著夢想、愛、美與知性的烏托邦世界。

人們將「愛」、「知」、「反省」、「發展」當做共同口號，實現了最高度發達的理想社會。但就在金星本身獲得了高度進化和發展、臨近地上菩薩界時，愛爾米奧靈接到了來自大宇宙根本佛的旨意：

「在金星的文明實驗已經獲得非常滿意的輝煌成功，想要使已經空前完美和諧的金星繼續進化相當困難。預計不久之後，金星將發生大規模的火山爆發，高等生命將難以生存下去，因此應著手將一部分金星人遷移到友好星團行星，去幫助其他行星做進化工作，也期望其餘高級人靈繼續留在金星靈界數億年，共同參與籌劃相鄰之地球靈團的創造和規劃。地球要再度從零開始，創立新的烏托邦，可以同時從未知的星團招入新魂進行教育，使銀河系得到進化。」

於是，如何培育地球上的生命便成為下一個課題了。

在金星做生命實驗和文明發展的同時，地球也在四十六億年前誕生，此時十次元意識就已開始思索如何創造地上生命。面對生物的生存條件優於金星的地球，十次元意識參考金星的先進經驗，將積極的進化列為重點，探討如何建設地球系生命靈團。

根據愛爾米奧靈的建議，地球十次元大日意識、月意識、地球意識之三大靈體意識，為地球上的生命擬定了兩個基礎法柱。第一，給予地上生命，各自在意識上有上下高低的差別。第二，讓活動在地上的生命體其生命週期是短暫的，並且讓這些生命體在多次元世界之間進行輪迴轉生。

以第一基礎法柱為依據，大約三十億年前，首先在地球上創造了阿米巴和浮游生物等，這形成了動物的起源。到了大約二十六億年前，創造出黴菌等微生物，這形成了植物的祖先。隨後才逐步向地表送出高級生命體。

以第二基礎法柱為依據，首先創造了低級靈界，這就是四次元幽界形成的基礎。當時只不過像是一層面紗的靈域覆蓋在地表上，不似今日這般明朗化。初期的微生物、低級植物就是在這樣的低級靈界和地表之間，輪迴轉生進行生命活動。

在距今六億多年前，地球系行星大靈們領悟到，在地球上創造高級生命的時機已成熟。於是便在地球系創造了九次元靈界，並從先進的金星召請了愛爾米奧靈。愛爾米奧靈是地球系最初的人格大靈，祂首先導入了在金星所創造的初期靈性生命體，以哺乳動物為中心，創造地上的高等生物。

那麼，高等生物是如何創造的呢？

譬如說，在低級靈界創造出老鼠、兔子、狗、貓等生物的意識體之後，再把牠們在地上做現象化。

不斷的創造使地上的高級動物逐漸繁盛起來，走上了輪迴轉生的常軌。愛爾米奧靈此時向十次元諸意識靈們提議：「是在地上創造人類的時機了。」於是，在距今大約四億年前，終於做出了在地上創造人類的決定。

曾是金星統治者、地球靈團最初的九次元存在「愛爾米奧靈」，此時更換了名字，改為「愛爾康大靈」，意指「明麗的國度——地球」。愛爾康大靈曾在兩千五百多年前，以其分身持有肉體降生印度，也就是喬答摩・悉達多，被世人稱為「釋尊」。

九、地球靈團的初始

愛爾康大靈以兩個基礎法柱為創造地球靈團的依據。其一：讓人類亦有意識水準高低的層次之差，並要為人類的永恆進化創造更良好的場所。其二：讓地上人類生命是短暫的，並且使靈魂在三次元與靈界間進行輪迴轉生。

愛爾康大靈首先使用已高度發達的金星人靈性生命體，嘗試創造地上人類。愛爾康大靈增強了慈悲與智慧之光能，在九次元界創造出巨大光球，並且於其中注入了金星人最高度進化的金星人人靈，給予再生能量。之後又分割出許多小光能，創造出地球起源的數百個八次元以下、靈界表側的光明指導靈。隨之發動出九次元全部光能總量，賜予這些靈體個性，在地上做了物質顯化現象。一開始，只在地表上顯現出像海市蜃樓般的透明浮游物體，之後逐漸出現了人影，最後成功地創造出綻放光輝的肉體人身，愛爾康大靈為這成功的創造感到分外高興。最早的人類從五個人到十、百、五百人陸續從空中顯現時，他們被分成了左右兩個群體，愛爾康大靈對右半部群體投以金星人的智慧和勇氣之光，對左半部群體則投以金星人的優美和優雅之光，人類就這樣被分出了男女性別。這些擁有高度進化靈魂的人類，就成了之後希臘系統或佛教系統的諸如來、菩薩、觀音等。此後，他們的後代在世間漸漸繁盛起來，很多優秀的金星人靈也做為地球人體驗世間生活，當時在地上的人口已逾七億七千萬。

愛爾康大靈認為，要想使自己創造出來的高級人類之子孫後代，累積做為指導者的經驗，就必須先讓地上世界比類人猿更進化的生物，之後再讓這些子孫後代予以訓育和指導。於是，愛爾康大靈決定從其他行星招入人類型生物。為了實現從其他行星移居地上的計畫，愛爾大靈招來射手座的阿莫爾（耶穌・基督）、天鵝座的塞拉賓（孔子）和巨蟹座的摩利亞（摩西）三位九次元意識靈，參考了他們的意見。

但當時地上世界有恐龍等巨大生物活動，對尚未習慣地上生活的新居民生命具有危險性。針對此一事態，愛爾康大靈決定從麥哲倫星雲的行星招入與人類相似的生物，他們是自我顯示欲強、優越感高、好戰的種族。然而，他們的行星已擁有高科技，所以是乘坐太空船來到了地球。從外貌上來看，這些外來者與現在的人很相似，但尖形的耳朵上端以及像貓一樣的尾巴形成了他們的特徵。隨著時間演進，這些特徵已逐漸退化掉了，但由於在他們心中還留有原貌的印象，其中一部分人才會在回到靈界後化為天狗、仙人、鬼、妖怪等形態。

愛爾康大靈系的高級人類，為了使新移民習慣地球生活而推行了同化政策。

但是在移居者中，有些光能較多的領導者行為自大傲慢，自認為是英雄，擾亂了和諧的秩序，因此這些人被封閉在靈界的裏側，這也使得天上界八次元、七次元和六次元開始逐步形成了表側和裏側。

這個裏側世界的指導者恩利勒（Enlil，九次元裏側負責者），他的直屬部下中，有個名叫盧西非爾（Lucifel）的人，在大約一億二千萬年前以撒旦（Satan）之名生於地上，他因沉溺於地位、名譽、物質、肉欲等欲望，墮落至極，使他不能再次返回高級靈界。他對這樣的結果十分不滿，便在低級靈界築造地獄界進行叛亂，後來他以盧西弗（Lucifer）為名，成為地獄魔王。

由於從麥哲倫星雲招入的移民自我意識較強，缺乏和諧性，所以愛爾康大靈決定再次招入新人類。二億七千萬年前的第二次宇宙移居行動，是從獵戶星座招入十億新移民，他們也是乘坐大型飛船大舉飛到地球的。當時，在愛爾康大靈系的金星人靈團中，在地球上有轉生經驗的人已逾百億人，所以具備了大規模新移民的條件。

當時，又邀請了三位九次元大靈來到了地球，他們是阿卡米尼（Achemene）、奧爾根（Orgon）和凱德隆（Kaitron）。阿卡米尼是印度傳說中的人類始祖，被稱做摩奴（Manu）的高級靈，奧爾根則是被稱之為彌勒（Maitrayer）的如來，他在轉生拉母迪雅（Lamudia）時代和亞特蘭提斯（Atlantis）時代中曾非常活躍，在近萬年來未曾降生人間世界。凱德隆是在神智學方面被稱做庫德・佛米（Koot Hoomi）的大靈，他主要管理科學技術領域，曾以阿基米德（Archimedes）之名降生希臘，其近代的降生是牛頓（Isaac Newton）。

藉著收容大靈團的機會，地球靈團五次元善人界做了調整和擴充。在大約一億五千萬年前，愛爾康大靈本體曾降生世間，建設巨大光的文明，確立地球規模的佛法真理，進一步對其他行星人指導和教育。當時，皈依愛爾康大靈的人們陸續出現，地球人建立起共通的意識觀念。

在一億三千萬年前，愛爾康大靈系靈團在高級靈界反覆地進行分光現象，這時具有個性的人靈已超過了四百億。為紀念此事，又從飛馬星座招入了約二十億的移民，此為第三波的宇宙移居。此時，第九位九次元大靈希奧利亞（Theoria）、第十位撒瑪德利雅（Samatria）也來到了地球。希奧利亞就是在三千數百年前誕生在希臘的宙斯（Zeus）。撒瑪德利雅則是在伊朗誕生的瑣羅亞斯德（Zoroaster），亦稱摩尼（Mani），是瑣羅亞斯德教和摩尼教的創建者。

至此，九次元十大靈滙聚一堂，使地球靈團的指導體制愈形鞏固。並且，新的地球人的四次元幽界位置，在此時也日趨明朗化了。

十、地球靈團人口的增加和墮落者的出現

一億三千萬年前，地球靈團有了很大的發展，愛爾康大靈系靈團的人口超過了四百億，外加來自其他行星系的人口達三十幾億。以恩利勒為首，在此時提出了應該大量增加其他行星人靈的主張。恩利勒設想，把移居至地球較高度發達的人靈當做本體，再創造五個分身，然後讓包括本體在內的六個魂，輪流降生到世間，體驗世間生活，恩利勒認為這麼做對靈魂學習的效率有較好的效果。於是，便製造了名為「派德龍」的巨

大裝置，增強高次元光幅，藉由照射發達人靈的本體，成功創造了五個分身。這個用派德龍創造人靈的過程雖然成功了，但這一項分靈工作卻在達到幾億人口時便終止了。

因為在派德龍分身中，靈格低下者居多，這些靈格低下者在體驗世間生活的過程中，忘記了自己本身為靈，被物質和肉體的煩惱迷惑，進而墮落、妨礙他人正常的靈魂修行。這些人靈在肉體死亡後，於低級靈界開始創造磁場，並且有些心懷陰暗意念的人們在四次元幽界中，創造出一個特有的集團。這即是地獄界的雛形。由於恩利勒的失策，使早期移民所引發的不和諧事態持續擴大，因此不得不再次接受愛爾康大靈的嚴格指導。

一億兩千萬年前，盧西弗為了反抗天上界的高級靈，便建造地獄界，用意念的烏雲籠罩住整個地獄界，使得地獄界無法再接受佛光，成為寒冷黑暗的世界。

棘手的是，由於在四次元幽界有這樣的陰暗世界，三次元世間也受到了影響，出現了佛光照射不到的地方。這就好比是陽光燦爛的天空出現了烏雲，地上有了陰影一樣。

因此從一億兩千萬年前起，三次元世間開始出現各種罪惡和混亂。

自此之後，在一億年以上的期間，以三次元現象界為中心，為淨化世間而努力的高次元諸如來、諸菩薩們，不斷地與在三次元擴張巢穴、力圖逃脫地獄之苦，以盧西弗為首的地獄惡魔、惡靈進行對抗。為此，愛爾康大靈曾幾度讓自己的分身降生世間，建立了透過覺悟的力量，培養光明指導靈的強力指導體系。

我寫下本書《太陽之法》，就是為了使三次元地上世界重新綻放佛光、使佛法真理的太陽重放光芒。

讀者們只要透澈地理解地球靈團的歷史，就一定能夠明白今後我逑說的法，是發自於我殷切的心願。《太陽之法》是使世界重現光明、重建佛國土的救世之法。

注釋

注1：第五次宗教熱潮：「幸福科學」創立以來，形成了與以往的新宗教熱潮完全不同的第五次宗教熱潮。（但是，除「幸福科學」以外，其他團體的會員數並沒有增加。並且，本會作為宗教熱潮的主角，不應與奧姆真理教及統一教等引發社會問題的團體混為一談。）第五次宗教熱潮超越了日本以往的規模，從根本上推翻了無神論和唯物論等精神風氣的根基，同時也意味著作為未來文明指標的先進宗教的誕生。

今天，「幸福科學」已超越了日本新宗教的侷限，繼佛教、基督教、伊斯蘭教，正走向第四大世界宗教。「幸福科學」已經掀起統合、超越世界三大宗教，樹立地球規模佛法真理的巨大浪潮。

附帶一提，第一次宗教熱潮是指從幕府末期到明治時期（十九世紀五〇年代）的新宗教勢力（黑住教、金光教、天理教等）抬頭期。第二次宗教熱潮是從大正時期到昭和初期（一九三二年～一九三〇年）以新興宗教（大本教等）為主導時期。第三次宗教熱潮是指太平洋戰爭日本戰敗後，出現了所謂「眾神大聚會」的新興宗教興盛時期。第四次宗教熱潮是指日本經濟高速成長的過程中，在不穩定因素以及公害等社會問題出現的一九七〇年代，靈能系新興宗教（GLA、真光教團、阿含宗等）活動時期。這些宗教活動雖然有助於靈性時代的復活，但也造成了邪教林立的局面，這也證明了「幸福科學」進行宗教改革的歷史必然性。

注2：在梵天勸請與惡魔對話（《阿含經》）、施論、戒論、生天論（積功德生天論）等說法中，都有釋迦明確肯定實在界存在之事實。在原始佛教中有很明確的關於十二因緣之三世兩重因果（可參閱拙著《覺悟的挑戰》幸福科學出版發行）的思想。涅槃論、空、降兜率天神話、對回到靈界的母親摩耶夫人說法、以及弟子的未來世成佛授記（《法華經》）等，也有同樣明確的記述。這個事實本身，就是對那些將無我論做牽強唯物解釋的佛學墮落者的強力一擊。

第二章

佛法真理的昇華

一、魂的真相

前一章講述了宇宙的創造過程和地球靈團的形成歷史，從這樣的歷史過程中可以看出，所謂天地創造史，即是高次元世界創造低次元的歷史，亦是超高次元根本佛意識，依序創造各個次元層高級大靈的歷史。大宇宙大靈在恆星意識、行星意識誕生之後，自身內部發生了異變，形成了三次元宇宙空間。隨後，在這個宇宙空間依序誕生了星體、星團，這即是各太陽系九次元以下人格靈的生活空間。

同樣的，在我們這個以地球為中心的太陽系靈團內，首先形成的也是九次元宇宙界層。隨後，八次元如來界（金剛界）、七次元菩薩界（聖天上界）、六次元光明界（注3）、五次元善人界（注4）以及四次元幽界（精靈界以及地獄界）也依次完成。

當然，這個對應各次元的次元構造，也存在於其他的宇宙空間。但是，只有九次元世界才能與其他各星團靈界聯絡，八次元以下世界的特徵則是各自在星體固有的靈界發展。

我們所統稱為「魂」之個人生命體，就是遙遠的高次元根本佛對低次元層意識發現的結果。也就是說，根本佛的存在絕不是與人無關的他者存在，而是做為人生存依據的一種高級意識體。人本身就是佛意識體的一部分，是佛的自身表現。

根本佛透過自身表現而創造了大宇宙，接著創造大宇宙內部的各種生命。這些生命體均是根本佛意識的反映。因此，假若根本佛不希望大宇宙繼續存在的話，這個似是無邊無際的三次元宇宙空間就會突然消形匿跡；假若佛放棄了這種自身表現的意願，各位的生命也就會即刻化為烏有。但是，即使人的生命體如此虛幻無常，從屬於佛的一部分意識體的意義上來說，又可以說人的生命體是極為高級的存在。

所以各位應該為自身為佛的一部分、自身之存在是佛的一種表現，而感到自豪和自信，這才是魂的真實意義所在。以往各種宗教和哲學的高度發展、傳承，就是因為它能使世人對魂的真實性有所醒悟。雖然現今的自然科學和宇宙科學是進步的象徵，但其最終目的，同樣也是為了探索魂的真相。

接下來，我將以「各位是偉大的佛意識體的一部分」之魂的真相為起點，繼續講述什麼是人的靈魂生命應有之姿。我確信，從中必能明確地體現出佛法真理。

二、魂的性質

那麼，作為佛的一部分的人之生命體，究竟「魂」具有什麼樣的性質呢？透過探究「魂」的性質，你們應該可以一瞥佛的性質、佛的性格。

魂有許多特徵，其一：即魂具有創造的性質。魂被賜予了能夠根據自身的意志，自由自在地做自我創造的性質，也就是說，「魂」自己可以決定自己要成為具有何種意識的意識體。

譬如，魂可以高度發揮愛的力量，也可以高度發揮自由。魂能夠以自身的心念自由自在地控制內在的光量，即能將自身提升至高次元的存在，反之亦能降低光能到低次元層。

那麼，行惡、心懷惡念和墮落行為等是否也屬於魂的性質呢？墮入地獄和建造地獄等行為，是否也能說是魂的一種創造行為呢？

我對此問題做兩種回答：可以說是，也可以說不是。

為什麼說「是」呢？那是因為魂被賜予了創造之自由，這意味著不受任何規章制度的制約和妨礙。如果有制約和妨礙，那就不是自由，而是不自由。另一方面，之所以說「不是」，是因為魂本身被創造的目的，絕不是為了行惡和建造地獄。惡絕非是潛藏於魂內在的性質，之所以有惡產生，是彼此的魂在行使自由時，自由與自由之間產生摩擦後所出現的扭曲形態。

一個個體在與他者毫無關聯的情況下，不可能生出惡果來。所謂的惡，是由於有自身以外的其他人、其他生命、其他物體存在，惡的形態方才展現出來。

自古以來，世間有種種「善惡二元論」等理論觀點。究其根本，可以發現這些論點均集中在「佛創造的世界為什麼會存在著惡？佛本身是否潛藏著惡的性質？」等問題上。想當然爾，惡絕不是佛本身的性質，它不屬於佛性。惡是對佛願成就的一種阻礙。或者說，人們被佛所賜予了自由，但彼此在行使自由時，在一定的時間內互相摩擦、碰撞，其結果顯現於內心世界或者是現象界。總而言之，惡不屬於根源性存在論，而是機能論或行為論方面上的問題。

魂的第二個特徵，那即是魂具有集中和放射佛光之中樞功能、性質。

何謂佛光？佛光是指充滿於大宇宙的佛的能量。佛光有如照耀在地上世界的陽光一般，是從四次元以上的多次元宇宙、高次元宇宙燦燦灑落下來的熱能，這就是佛光。地上世界若沒有太陽的熱能，生物將無法生存。同理，在四次元以上實在世界中若沒有佛光、佛的熱能，生命體也就無法維持生命了。

所以魂有集中、吸收佛光，放射、增強佛光的性質，而能夠大量吸收佛光，又能夠大量放射佛光之人，即是光明指導靈。這些被稱做如來、菩薩之人，以其集中、放射佛光的巨大能力，把佛光送入人心，讓人心充滿光明。

人的魂在生命的過程中，既能吸收佛光又能放射佛光。為了讓光照耀世間，使人心充滿光明，放射著佛光的高級靈、諸如來、諸菩薩等光明指導靈（光明天使），具備了能供給人們佛光的能力。

雖說魂具有集中和放射佛光的機能，但在地獄界的惡靈又是怎樣的呢？他們實際上正阻礙著照向世間的佛光，與其說阻礙，不如說它們是利用自己構築的巨大惡念能量形成陰影，遮擋著佛光。

地獄惡靈生活在有如潮溼、陰暗的洞穴中，他們不把佛的能量當做生命的食糧，而是將盤踞在世間之人心中的惡念，做為自身需要的能源。世間的人好比是發電機，一面吸收佛光做為精神能源，一面攝取食糧轉換成生活能源。但是偷電的地獄惡靈，在世間之人心中陰暗部分接上引線，貪婪地榨取、掠奪能源，藉以偷生、寄生於人、掠奪著人們的能量和活力，使人走向瘋狂。換言之，他們是吸取世間之人精力的吸血鬼。

若要避免被地獄靈附身就要有所警戒，不能讓他們有可乘之機，要經常反省檢查自己的內心是否出現了暗影，是否有與地獄惡靈相通的心念，檢視自己是否有像癌細胞一樣不接受佛光的心念。如此一來就能夠切斷供給給地獄惡靈的能源，所謂的地獄也就會逐漸消失。

三、佛的化身

下面主要講述何謂「光明菩薩」。

聽到了「天使」一詞，便自然會想到與基督教有關，聽到了「菩薩」一詞，又立刻會想到佛教。其實佛教中的如來包括了一部分基督教的大天使，菩薩也有天使的含意。無論是佛教還是基督教，本來均屬於佛法真理，只不過因為教祖的個性不同，所以呈現出來的光色也不同。因此，稱高級靈為光明大指導靈也罷，光明天使也罷，在本意上沒有多大區別。從一般的魂，或普通人來看，高級靈存在的本身即是佛的化身。

可是在大宇宙中，為什麼存在著被稱為佛之化身的高級靈呢？若是佛平等地創造了人，高級靈的存在本身不就是在人格上創造了差別嗎？如果平凡的人總是平凡、高級的人總是高級，各自的人生互不相干的話，這還能說是平等嗎？

既有高級靈的存在，為什麼還需要有低級靈的存在？要解開這樣的疑團，首先要從「平等」和「公平」這兩個觀點來解答。

在所有的人、動物、植物和礦物中，均存有佛性這個事實。無論這些現象是以何種方式來表現，森羅萬象均是佛意之體現，這是確鑿無疑的佛法真理。

森羅萬象皆是用名為佛的睿智之鑽石構造而成。佛為了使人有姿、物有形，播下了各種鑽石，創造了各具生氣、完美的形體。從這個真實的意義上來說，無論任何人、任何動物、任何植物，皆為那名為睿智之佛的鑽石所打造出來的。

這就是佛教中佛性宿於萬物之說，就是人為佛子的思想，因此無論是高級靈還是低級靈，就佛的生命體現而言彼此平等。所謂的「不平等」，只不過是被「高級」和「低級」等詞語所迷惑罷了。

具體來說，無論是已經高度進化的靈，還是進化中的靈或是尚未發達的靈，均共同走在成佛悟道上，只是走在前方和走在後方的差別而已。

高度進化的光明指導靈，由於其魂被創造已久，所以比較接近佛境，而尚未發達的靈則多為新創之魂，自然會有相對性的差距，不能說這不平等。

其實這不是平等不平等的問題，而是如何以公平的觀點來評價的問題。即使是悠久之魂，也未必能在前進的路上一帆風順，他們同樣會出現迷途、徘徊的情況，即便是天使也會出現淪落成地獄惡魔的可能。雖經長途跋涉，同樣也會由於種種原因而執迷，導致前功盡棄、中途折返的結果。這樣的靈與其說尚未發達，不如說是退化了的靈。

佛賜予所有的靈一條向佛之路，就此而言，佛對眾生是平等的，對所有靈的評價觀點也是公平的。

高級靈之所以能夠稱作佛的化身，就是因為他們取得了相應的成果，盡了職責，所有靈均朝向高級靈的境界進行著永遠的悟道修行。

四、魂的構造

以上講述了人靈、或者說魂在發達程度上的差距，以及佛的「平等」、「公平」等觀點。接下來進一步探討魂的構造。

世間常說魂有本體和分身，世間人之魂的一部分是表面意識，一部分是存在於背後實在界的潛在意識。為了對上述有更加清楚的理解，以下將闡明我的想法。

早先，高居二十次元以上的根本佛，創造了大宇宙的十三次元意識大靈，隨後，十三次元意識創造了十二次元星雲意識，再由十二次元意識創造出了十一次元恆星意識，十一次元意識繼而創造了十次元行星意識。具有人格意識的存在，始於九次元，即九次元大靈。

九次元大靈雖是具有個性的意識體，但若要降生世間宿於人體，其能量體會過於巨大，為此九次元大靈在降生於三次元肉體之時，只使用其意識體中的一部分。釋迦牟尼或耶穌・基督的降生，都是九次元大靈在其靈體一部分個性化後，才宿於人體，成為肉體人之魂。

由此來看，魂即是人具有個性的靈，九次元之靈在脫離肉體之後，若重返九次元世界，便是回到大靈總記憶領域中。從這樣的觀點來思考，九次元大靈可以自由自在地化為無數個分體。

然而八次元如來界的光明大指導靈情形則稍有不同。他們雖然亦是大靈，但卻是相當個性化、人格化的大靈，他們在必要時也可以隨意分身進行活動，但通常是以一個統一體生活在天上界。譬如，八次元統一人格靈「藥師如來」可以在醫學相關領域發揮，分光為幾千個分靈、幾萬個分靈，指導世界各國的世間之人或下面各次元的靈人。八次元如來在保有統一人格的同時，也會在為了達成同一個目的時，分光出所需數量的分靈。相較起來，九次元大靈在保持同一光色性質的同時，還能靈活地表現出多種目的之人格，這就是兩者不同之處。

七次元菩薩界人格靈的個性化更加明確，因在八次元以上世界中，還存在著尚未經歷過地上界生活的意識體，而七次元所有的靈均曾累積過做為人靈的經驗。屬愛爾康大靈系統的七次元靈，因為重視團結，原則上是以六個人為一組，其核心領導為「本體」靈，其餘五人則是「分身」靈，六個人輪流降生世間做菩薩行。原則上，預計下次轉生的靈，通常會擔負起已降生世間之人的守護靈的責任，其目的是為下次轉生預習。但也有例外，為了對應複雜的現代社會，讓最近一次有過肉體生活經驗的靈，擔任守護靈的例子正不斷增加，而六個人的經驗共同享有，彼此的魂的傾向亦相同。

如同人類有軀體、雙手、雙腳、頭部的六個構成一樣，六個魂構成了一個整體的靈。

然而，進入六次元光明界，每個魂對於六人一體的意識幾乎都消失了，每個魂均朝向個別化發展。因此，靈魂的兄弟姐妹，或是本體、分身的概念，就稍微變得不適用了。

大約一億多年前，藉由用巨大裝置「派德龍」，在光明界以下的世界，以六次元之魂做為母體，對其增強高次元之光，除了本體之外再複製五個分身人靈。但由於分身部分的靈格較低，所以大都成了四次元幽界或五次元善人界的居民。為了提升這些人靈的靈格，在這一億多年的期間，人們繁瑣地於世間與靈界之間進行著輪迴轉生。

在六次元以下的世界當中，每個人在世間進行修行時，主要對其守護、指導的是其本體部分，然而，若是原本六人組成的本體分身，因為轉生經驗的差異而造成了極端差距，致使彼此產生不協調的情形的話，就有可能再次接受佛光照射，另做編組。

五、守護靈、指導靈的構造

在宗教的世界中常使用「守護靈」與「指導靈」一詞，在此我對這些詞進行說明。

首先談守護靈。人們常說每個人都有守護靈，如果守護靈有能力的話，人生就會成功，反之就會失去好運等。從結論上來講，守護靈的確是存在的，每個人也都配有一個守護靈。人生會受到守護靈的能力高低影響，在某種程度來說也是事實。

那麼守護靈為何會在靈界守護著生活在世間的人呢？我現在就要揭曉這祕密。

大約三億數千萬年前，當愛爾康大靈系統的高級人類最初在地上世界生活時，並未配有守護靈，因為當時世間人心清澄，能夠直接與靈界溝通訊息。

此時沒有地獄界，也沒有惡靈，所以無須守護靈保護也不用擔心。

然而到了一億兩千萬年前左右，天上靈界的最下層四次元幽界，出現了一部分持有不協調心念的靈，它們開始構築陰暗的地獄界。並且因為佛光能量無法進入地獄界，於是它們在地上界製造混亂，讓人心生出欲望與不和諧的惡性心念能量，藉此來當做維持自己生命的能源，這是始料未及的事態。地獄惡靈潛入人心，在世間挑撥是非、鬥爭、憤怒、嫉妒、抱怨等心念，讓世間捲入混亂、迷疑的漩渦。

於是在天上界的光明指導靈為此召開緊急會議商討對策。根據九次元大靈阿莫爾（耶穌・基督）的提議，做出了以下三項決定：

1. 為避免三次元世界被惡靈全面支配，往後原則上不再讓世間人與靈界相通，並且讓世間之人在物質世界為選擇良善人生的方向上努力。
2. 當靈魂降生世間時，均分配一個守護靈保護每個人，使其免於遭受來自地獄界的誘惑。
3. 為了不使世間人完全遺忘實在界的真相，每隔一定的週期，派遣光明大指導靈降生地上世界，透過宗教的形式，讓人們認識靈界這實在世界。

此後約一億多年的時間，以上三項原則得到了遵守。但由於地獄界變得極為龐大，光靠一個守護靈的保護，進行人間修行變得十分困難，加上除了宗教家之外的人被禁止與靈界通訊，故三次元世界之人難以回想起過去世的記憶，這反而使世人不斷沉溺於世間的物質欲望中。

此外，光明指導靈每隔一定的週期，在地上世界興起宗教之舉也產生了副作用。世間各宗教、各宗派之間出現了紛爭，地獄惡魔、魔王便乘機潛入一些宗教家的心中，藉以傳播錯誤的教義，使地上世界顯得愈加混亂。

在這種情況之下，傳播佛法真理更顯其重要的意義和急迫性，針對守護靈體制進行改良亦變得有其必要。

原則上，守護靈是靈界分光編組成員之一，或是用本體分魂方式創造的六魂小組成員之一，但如果降生世間之人的使命重大，其使命的實現被高度期待時，就會針對此人最關心的部分配予專業的指導靈。

尤其是宗教家，均配予能力高於此人靈格之上的如來、菩薩來擔任指導靈，這樣的措施使得守護、指導靈體制日益鞏固，但是各種惡靈並未因此停止對世間之人命運的翻弄。

六、魂的進化

在過去的一億多年間，雖然地獄界在地上世界造成了混亂局面，但這並不表示地球靈團的一切都在退化。從長遠來看，在許多方面反而取得了進步和驚人的發展，這意味著魂在不斷地進化。

即便是初次降生地球的魂，其中亦有相當進化的魂，且在不斷輪迴轉生的過程中，也會產生許多由四次元到五次元、五次元到六次元、六次元到七次元循序漸進得到進化的優秀之魂。因此，在地球靈團出身的靈當中，也有進化成為與來自其他行星的高級靈並駕齊驅的高級靈。雖然尚未出現進化到九次元宇宙界的魂，但已經有進化到八次元如來界的魂，這樣的結果令高次元諸靈十分滿意。

這也是當時他們創造地球靈團的真意。當初諸高級靈在離開原居住的星球來到地球靈團時，滿懷創造更美好、和諧、進化的地球之願望，正日趨得到了實現。

現在，八次元如來界有近五百名如來，七次元菩薩界有大約一萬九千名菩薩。在地球當中首次進化到八次元如來界有一百三十名，進化到七次元菩薩界有七千多名。此外，在由派德龍新創造的人靈中，也有不少的魂成為六次元上的諸天善神、或七次元菩薩。在地獄界不斷擴大等黯淡的狀態下，其實亦有如此令人欣喜的消息。

但是，魂為什麼要有如此進化的過程？魂又是如何進化的呢？

在談魂為什麼要進化之前，重要的是先要認識和理解，佛為什麼要創造各種不同層次的魂。

如果創造的目的只是為了單純的高度進化，那麼佛本身即是最高度進化，何必特意創造一些低次元的魂來進化呢？這顯然不符合邏輯。原來佛創造各種層次的意識魂，讓他們將進化和發展做為根本目的，其意義不在進化本身，而是在進化的過程中會出現伴隨而來的產物。

舉例來說，一對已經很完美的夫婦，為什麼還需要養育子女呢？那不僅是因為養育能使子女長大成人，而且在那過程中能夠體會到喜悅的感覺，這種喜悅可以使家庭充滿喜悅、充滿幸福。

之所以佛創造了不同層次的意識魂，期望他們進化和發展，是因為他們在進化的過程中能夠感受到喜悅。總之，大宇宙的創造、各種生命體的創造，藉由這些生命做為進化而努力，這本身即是佛喜之表現、幸福之源流。

這就是大宇宙進化法則之根本原由。佛用無限溫柔、慈愛的目光，俯瞰著自己創造的意識魂，保護他們順利地進化、發展和成長。

接下來談談魂是如何進化的問題。

光的含量是表示魂進化程度的指標之一。實在界中，見其光量，其魂的成長度便一目瞭然。在世間也是一樣，隨著魂的修行取得進步和覺悟，其光量也會逐步增高，這就是人們常說的後光。有靈視能力的人，能透過檢視後光的放射度來判定某人的覺悟程度。

心如果通向地獄，其後光就會顯得黯淡、模糊不清，地獄靈依附處會呈現時而蠢動的白色霧狀。心若通向四次元幽界（精靈界），則會從全身和頭後方的部位放出半徑約一、兩公分寬的後光。心通向五次元善人界者，從其頭後部能放射出半徑約有三、四公分寬的後光。

心若能與六次元光明界相連，便會有半徑約十公分寬的後光產生。心與六次元上層阿羅漢、諸天善神境界相通時，就會呈現像小圓盤一樣的金色後光。心通七次元菩薩界的話，肩上就像佩戴著半徑大約有四、五十公分的金色光環。心通八次元如來界的人，則能放射出照亮四周一、兩公尺遠的光芒。

如上所述，光的含量能夠表示魂的進化程度，因此要促使魂的進化，首先應該成為一個能夠接收更多佛光的容器，且必須避免在內心出現遮擋佛光的烏雲，要虔心修行，擴大這個器量。

七、心與魂的關係

接下來，我想論述心和魂的問題。

上述講解了意識、靈和魂等名詞，雖然這些詞在使用方法上不一定嚴謹，但隨著意識→靈→魂的深入，人的屬性也會逐步明顯地表現出來。

那麼，靈魂和心是相同還是不同？以下將說明心與魂的關係。

從結論來說，心是魂的核心，就像人體的核心部位是心臟一般，但是魂的心既不在人的頭部，也不在大腦細胞內。

其證據即是人死後回到靈界，生前的記憶完全不會消失。人的肉體死後，大腦組織自會隨之從世上消失，變成飄散在大氣中的二氧化碳，但魂仍然能夠思考、有感覺、有記憶。然而，大腦是蒐集整理情報的地方，是資訊控制室。因此，若大腦受到損傷，人就會無法進行合理的判斷和行動，因為肉體組織的指揮命令系統陷入了混亂狀態。

假如某個人因為腦部受傷而患了精神上的疾病，家人也許會認為再對他說什麼也無濟於事，但事實卻相反，雖說精神上有疾病，但是這個病人仍然能夠明白別人的談話內容，也就是說，他能夠透過魂的核心部分，即心，來理解外界的一切。雖然有時會表現出暴躁的行為，但這是因為他不能表達自己的意見而惱怒，即使有些人身體不健全，或在精神上有疾病，但他們死後回到靈界時，仍是可以與健全的人一樣進行思考。

既然心的位置不在大腦，那麼心是否就是心臟呢？魂在認識自己核心部位的心時，確實會有在心臟附近的感覺，但心臟是管理體內血液循環的器官，而不是心的本身。當心神不定時，心臟就會急速地跳動；當悲嘆時，心臟就會有受到壓迫和胸悶的感覺；在極度恐慌時，心臟會變得冰涼。當高興時，身體會發熱，當悲傷時，會胸口一酸，熱淚流下，這些感覺都是產生於心臟附近。

由於心臟是容易受靈性影響的身體器官，所以雖說心臟不等於心，卻與心有著密切的關聯。若把魂想像成人體的形狀，心就位於胸部附近的中心部位，它主要掌管意志、感情和本能等領域。心的另一個分支機構位於腦部，它透過知性和理性向魂下達指令。而貫通下腹部、心臟和腦部的悟性，則與自身在靈界的靈魂兄弟姊妹直接通連。

靈本是無形的能量體，卻因宿於人體之中，形成了被稱為「魂」的人體狀想念體，以「心」為中心進行人生修行。

生活在世間之人，大多不相信靈魂之說，但對「心」的存在則無法完全否定。就算是把心看成是大腦皮質下產物的唯物主義者，在悲傷時也無法先決定好了悲傷之後再流淚，是否要流淚不是大腦所能決定的。

悲傷通常是在短短的一瞬間從胸中湧上來的情緒，隨後流淚。老友重逢，會使你洶湧澎湃、暖流奔騰，情不自禁地上前握手、擁抱。這不是大腦皮質產生的作用，而是根據靈性直覺產生的心的作用。所謂「唯腦論」也是一種變形的唯物論調，對此應該要明確地否定。

今後我將從多方面來論述有關心的奧祕。

八、心的作用

人是依據佛的意志所創造的意識體，是靈、是魂，關於這一點我已經反覆重申。而對於作為魂之核心，中樞的「心」我亦作了說明。

接下來將針對心的作用和機能進行深入探討。

常言道「心心相連」，如果自己的心中有了喜歡某人的心思之後，這種「想法」就會自然而然地傳給對方，進而引起對方對你的注意，這種事在現實中經常發生。相反的，如果心中有了厭煩某人的想法時，這種「想法」也同樣會不知不覺地傳給對方，使彼此逐漸微妙地疏遠起來，為什麼現實中會有這種以心傳心的現象呢？

其實，心的作用是佛賜予人的創造性作用。佛依其心念創造出各個次元的構造，創造了三次元宇宙、人類的魂和肉體，人本身是佛意識體的一部分，也是一個完美的小宇宙，因此，可以說心的作用與佛的創造性作用同種同根。具體來說，心中的每個想法、思考都會在這三次元宇宙空間、多次元空間的某個地方，進行某種創造性活動，人們的意念集合體形成了創造實在界的力量。

然而，意念也可以分成幾個階段，每個階段之間也都有程度上的差別，不能一概而論。

首先是「思」，這是指在日常生活的每個瞬間，心中所產生的意念，而這是每個人日常精神活動的一個環節。

其次是「想」，這是指有一定程度的具體性思考。如果將「思」比喻成在一天當中海岸邊的漲退潮的話，那麼「想」就可以說是具有一定的連續性和具體性的場景，具有視覺化、影像化。「想」具有情節性，恰似川流之水，有連續性和方向性。

接著為「念」的階段，從這個階段開始明顯地具備了創造性，除此之外，它還具備著一種物理性的力量，這就是所謂念力的「念」。在四次元以上的多次元世界，「念」具有與佛相似的創造作用，可以進行各種創造。在這個三次元世界，念也是具備了物理性力量的精神作用。

比方說，某個人被他人的善「念」集中時，這個接收一方的心境就有可能發生好轉，周圍的環境也有可能忽然變得好起來。相反的，若向某人集中增惡之「念」的話，就有可能導致這個人患上疾病、命運惡化、甚至早亡等。

個人的情況如此，集體也是如此。如果幾十萬、幾百萬人都期望世間能成為佛國樂土烏托邦，這個「念」在集中和增強的情況下，就能從地上一角放射出光芒來，光照人心，使幸福的世界展現，從而逐步建立起地上的「菩薩界」。

當然，相反的情況也同樣有可能發生。如果世間充滿了憎惡、憤怒、利己主義等惡性的「念」，若以靈眼觀之，就會看到似烏雲般的意念能量飄浮在世間之上，這些意念將會變成讓世間出現混亂的力量。

心的作用雖有美好的一面，但也有如此可畏的一面，所以我們必須要好好地自省，確認心的作用。

九、一念三千

隨著思↓想↓念的深入，逐步認識到了意念具有著物質性的力量，由此進一步講述一念三千（注5）。

中國僧侶天臺智顗於一千多年前（西元五三八年～五九七年），在中國的天臺山講述「一念三千論」。西元六世紀，從靈天上界九次元世界對他進行指導的，即是我的靈性意識體。當時向深居天臺山的智顗傳達的內容，若以現代方式表達，可歸納如下：

「人人心中都有一根心念之針，但這根心針終日搖擺不定，指向錯綜，總不停頓。即便是已入佛門的僧侶，見了年輕美貌的女子、面對美食、在看到有人比自己覺悟高、在受到住持訓斥時，心針仍會不禁晃動，不知這修行之心何時安住。

然而，真正的悟道是在和諧與安然之中方能獲得，而非存在於搖擺不安的心中。天臺智顗啊！汝要好生領悟，告訴人們這個念針、心針應該指向何方。當心針搖擺時，心就無法真正地安定，心針要像指南針那樣指向大佛。天臺大師啊！汝要像北極星那樣為人指引方向，教導人們應該如何將佛願做為心念之針。這是真正的不動之心、真正的信仰！

心，真是不可思議，修羅之心即刻通往地獄阿修羅界，只知鬥爭和破壞，從而斷送了人生。

如果把心針定在色情迷惘上，其心即會通向色情地獄，地獄亡靈會順著這根心針，赤裸裸地爬入人心，使人瘋狂地迷戀異性，淪為亡靈發洩情欲的工具。

求佛者如果增上慢，心念之針不正時，就會開始發表異端邪說，誤把地獄惡魔之聲聽成如來、菩薩之言，既迷惑了別人也使自己墮入無間地獄。

如果常存善念，心通天國善人界（五次元世界），其天國的祖先和友人就會為這個世間之人感到高興。如果鞠躬盡瘁、助人為樂，不任性、不高傲，在佛道上精進，心就能通向天國菩薩的世界，雖身在世間其心卻可達菩薩的境地。

此外，若有人將心針指向『立志向世人傳播佛法』，並且正確地理解佛法，做到人品廉潔、為人師表，那麼此人雖身在人間，但其心已通向如來界，天上界的諸如來將對此人進行指導。

心針就是如此不可思議！天臺智顗啊！你要好生理解佛法、拯救眾人。

天國、地獄不僅存在於靈界，亦存在於世間，存在每個人的心中。人的心針一念三千，天國、地獄即刻心通。如果知道了這個事實，就要日日靜心止觀、回顧人生，反省過去、端正心行。

天臺大師啊！過去我在印度講述的八正道，正是以現在授予你的『一念三千論』這心的法則為基礎建立的。因為天國、地獄存於靈界，也存在於世間人的心中，世間生活的心境決定了今後靈界之歸宿，所以必須把八正道當做人生修行之根本。

所謂八正道，即正確地觀察（正見）、正確地思維（正思）、正確地表達（正語）、正確地行為（正業）、正確地生活（正命）、正確地努力（正精進）、正確地集念（正念）、正確地入定（正定）。唯有徹底地明白這八個正道，才能夠正確地端正己心，完成在人世間的修行。

天臺大師啊！以八正道為本，端正自己的心和品行，在世間弘揚真實的一念三千論吧！這即是對你來說的覺悟，亦是世間人們的覺悟。」

十、真說・八正道

以上我講述了一念三千論以及八正道，我想在本章結束前，進一步地說明八正道的現代意義。

人是盲目的，人在世間只依靠五官的知覺摸索生活，很難察覺到有超越五官知覺的世界存在。其實，在超越了五官的境地中，才有人生的真實意義。反過來說，五官也可成為醒悟這超越性存在的根據。不可嘆息自己對於真實人生的盲目，應讓自己的五官變得更加敏銳，積極地探求真理，如此努力之下才能夠懂得「真說・八正道」的意義。

八正道，是人類走向完成之道，是修正人生方向、端正人生觀的智慧。

人生應該如何度過沒有標準答案，因為人生是一連串的考題，根據各自的環境、經驗、知識、習慣等不同，內容也各不相同。然而能夠解決這些疑問的不是別人，而是自己。誤入迷途是自己的錯誤，若自己不修正的話，有誰會幫你修正呢？

因此，每個人有必要在自己的責任範圍內徹底地探索「正確」的意義。什麼是「正確」的基準呢？解答這樣的問題，是真正宗教領導者應有的使命，也是我今世的使命。

領悟何謂「正確」即可知佛心，就能夠將佛的生命科學化，就能區別善惡、辨別真偽、審度美醜。認知佛心本身就是探索佛光能體的性質，就是為理解佛心做出的努力。為了使人們能夠更加理解佛心、佛能量體的性質，我已出版了許多理論書籍，其中，本書即是認知佛心最有力的根本。希望人們能夠認知佛心，領悟「正確」的真實意義，以八正道為心中的指針。

我向各位講述的佛法真理是真實的，只要不是正在受到惡魔、惡靈迷惑的人，閱讀本書就一定會感受到心靈震撼，湧出反省的眼淚。本書是指導正確人生的啟示，各位可以根據以下各點每天力行反省。

1. **「正見」**：自己是否能夠以正確的信仰為基礎，誠實、正確地觀察事物（如實知見）？是否能夠正確地觀察人？是否能夠懷著如佛一樣的心去待人？是否能夠率直地接受正確的世界觀和人生觀？

2. **「正思」**：自己是否能夠做到正確的思維？修行的志向是否正確？內心是否有貪婪、憤怒和抱怨等惡性思想？是否對人懷有惡意？是否高傲，對佛法有懷疑？是否有違背佛法的思想？是否能夠正確地做判斷？

3. **「正語」**：自己的言語是否端正？是否對說的話無羞恥感（真言）？是否有出口傷人的行為（惡口）？是否不懂裝懂、謊稱有覺悟（妄語）？是否說過違心吹捧別人的話（綺語）？是否說過挑撥離間，使他人不安之言（兩舌）？

4. **「正業」**：自己的行為是否正當？修行者有無違反戒律？有無殺人、強暴、竊盜等惡行？有無做過違反倫理道德的猥褻行為？做事是否低級墮落？是否犯了色情等罪惡？能否尊重一切生命，皈依佛、法、僧三寶，不吝嗇地布施？

5.「**正命**」：自己是否過著身、口、意和諧、正當的生活？是否沉溺在菸、酒、賭或吸毒的不正當生活？是否有滿足不了的欲望？能否知足？對萬物有無感謝心？是否活用了佛賜予的珍貴的二十四小時？

6.「**正精進**」：自己是否正確地學習佛法真理？修行的意志是否薄弱？能夠做到何種程度的遠離罪惡，播下善種？有無怠惰於做正確的努力？

7.「**正念**」：自己是否能夠保持平靜心，抱持著關於修行和建設烏托邦的正確人生計畫？那自我實現的祈禱是否合乎佛心？祈禱中是否含有提高覺悟和提高人格的內容？是否能夠做到深入理解佛法、對教義做正確的記憶？

8.「**正定**」：自己能否正確地進行精神統一？就寢前是否對自己的過錯進行反省？是否對守護、指導靈懷有感謝的心？精神統一後能否獲得安然的心境？

上述內容，即真說・八正道（注6）。至今，這八正道仍然不失其真正的價值，它是正確生活方式之基準。如果每天能夠根據八正道端正自己，就能夠走向非凡的人生，產生將自己推向佛境的力量。

注釋

注3：六次元光明界：至今，雖然經常使用「六次元神界」一詞，但因日本神道的眾神當中，也有著相當於佛教當中所說的八次元如來界、七次元菩薩界之存在，因此無法將為數眾多的神靈一概定義為六次元層次。從本書開始，日後將這容易令人誤解的「神界」，改稱為「光明界」。

注4：五次元善人界：做為狹義的「靈界」，至今我將五次元世界稱為「五次元靈界」，但靈界本身尚有著四次元以上，超越九次元的廣義的「靈界」，有鑒於五次元世界的特徵為善人的居住之地，今後將五次元靈界改稱為「五次元善人界」或「善人界」。

注5：一念三千論：天臺學認為，存在方式的表示範疇可分成十種，即「十如是」：一、「如是相」；二、「如是性」；三、「如是體」；四、「如是力」；五、

「如是作」；六、「如是因」；七、「如是緣」；八、「如是果」；九、「如是報」；十、「如本末究竟」。

其意：一、指外在的樣態表現；二、指內在的性質；三、指構成各自存在的本質；四、指潛在能力；五、指外在的作用表現；六、指事物發生的直接原因；七、指輔助因；八、指因、緣導致的結果；九、指因結果而招致的回報；十、指從一至九之間互相關聯、貫通的關係。

隨之是「十界互具說」的教義。它指「地獄」、「餓鬼」、「畜生」、「阿修羅」、「人間」、「天上」、「聲聞」、「緣覺」、「菩薩」、「佛」的「十界」，而各界又包含著其他九界。

靈界本來具有十種稟性，因此靈魂降生世間後，人的心境也有十個種類。十種人有十種心的表現，這十界與十界相乘便成「百界」。

這百種心境的百界，再與世間各種存在的「十如是」相乘之後便得千，正所謂「百界千如」。

進一步有「三種世間」：一、從人本身和其活動場域的角度來看是「眾生世間」。二、構成人類「色、受、想、行、識」的「五陰世間」。三、「國土世間」。三種世間與百界千如相乘，便得出了「三千種世間」，而這「世間」在此意味著時間性和空間性的差別。

這「三千」之數使「一念三千」得以成立。（以上參照了天臺智顗的《法華玄義》和《摩訶止觀》）

這是偏好從觀念上做論證的中國式哲學。實際上是要說明，若從心的世界來觀照人心，即有三千種類之意，表示了人心自在變幻無窮無盡。

注6：在此是按照八正道本來的順序說。過去我亦從實踐的觀點，以另一種順序進行敘述。

第三章——愛的大河

一、何謂愛

以下和各位一起來思索「愛」的含義。

「愛」是任何人都關心和重視的問題，在人生的旅程中，最寶貴、最光彩奪目的不就是愛嗎？所有人都會被愛的魅力吸引，因為在愛中有夢想、熱情和浪漫。

假使今天是自己今生的最後一天，在面臨死亡之際，如果有人能在你的耳邊輕聲道愛，那感人肺腑的愛語，是可以使人含著笑容去迎接死亡的。

人生中若沒有愛，就好比獨自一人在沙漠中疲憊不堪地跋涉；人生若充滿了愛，就會像在沙漠中出現了綠洲，人生之路上鮮花盛開。

愛，究竟是指什麼呢？究竟誰能給予愛正確的定義呢？是文學家、詩人，還是哲學家呢？若要追根尋源，最終還得是宗教家。

在愛的問題上能有幾分把握？洞察愛的本質又能深入到何種程度呢？這就是人類必

須思索的課題之一。雖然是一個課題，但同時也是一種喜悅、一種幸福、一個煩惱、一個痛苦。

愛具有兩個極端。真正的愛能夠帶來最高度的幸福，虛假的愛則會帶來最深沉的不幸。愛占據了人生大半的喜悅，但若誤解了愛，它也會成為人生中痛苦的主要來源。

如果掌握了愛的本質，且能夠自由自在地表現愛，就能夠尋找到最大的幸福，好像一道光明自前方照射過來，看到神在微笑，並張開巨大的雙臂迎接著你。

本章將依次論述有關愛的本質、愛的階段、愛與悟，以及神與愛的問題。

我經常與天上世界的耶穌・基督談論有關愛的問題。

當然，耶穌是愛的權威、專家、神愛的體現者，他主張需要讓現代人理解什麼是真正的愛。迄今，能與現在如此誤解愛的時代相比擬的，也只有亞特蘭提斯時代的末期，以及《舊約聖經》中記述的索多瑪（Sodom）和蛾摩拉（Gommorah）時代。

總之，我想從「愛」的角度來對現代人的疑問進行解答。

探究八正道以及愛是現代理想的修行之姿，也是現代人的福音。下面將以「愛」為立基點，從多方面論述人生觀、世界觀和真理觀。

二、愛的存在

每個人都有許多機會思考愛的問題，雖然愛的本身，既看不到也摸不著。可是愛的存在確定無疑，人類從來沒有懷疑過。

且為了證實這個人人都能夠感受得到的真實存在，人們在漫長旅途中不斷地追尋。既然看不到摸不著，人要如何相信愛不是幻想？不是海市蜃樓般的幻影？

但是，請試著思考一下，人其實是非常相信眼所不能見、手也摸不著的存在。譬如風，各位無法用肉眼看見風，但是透過樹葉飄舞、樹枝搖晃等現象，各位會相信風的存在。透過皮膚的觸覺和冷暖可以感受風力的強弱，這樣便可證明「風」的存在。然而，誰也不能把風裝入箱中，之後再從箱中取出示人。

愛的存在就像風一樣，人人都相信愛的存在，也知道那種感受，卻無法客觀地予以證明。各位無法證明愛的存在，卻能體會到愛，雖然無法看到，卻感覺得到。

愛似神（注7），雖然許多人談論神、相信佛，卻沒有人能把神請出來讓大家都看得到。昔日眾多的偉人們在宗教、哲學、文學等領域上談論過神，但總是沒有人能拿出神存在的證據。

就連耶穌・基督也沒有讓人們看到神的樣貌。耶穌・基督說：「聽我之言者，即聽我的天父之言者，因為現今天父對我傳達了旨意。見我之行者，即等同見我天父之行，因為天父讓我如此作為。」耶穌・基督讓人們透過他的言行舉止來感受神的存在，在他的言語感動下，人們感受到神的存在，進而信奉耶穌・基督。

不論哪個時代，對人類最重要、最珍貴的存在，往往都無法得到證明。例如：「神」、「愛」、「勇氣」、「睿智」、「善」、「溫和」、「美」、「和諧」、「進步」、「慈悲」、「真理」、「真心」、「無私」等。

在光的世界中，這些充滿了宇宙的實際存在是人盡皆知，然而，在人世間卻沒人能提出確實的證據。因為這些皆屬於四次元以上的實在界的重要存在，所以無法以三次元的材料予以證明。

我所認識的根本佛（根源神）是二十次元以上的超高次元存在，對這樣的存在用三次元的基準是不可能證明的。正因如此才需要「信仰」。「信仰」之意指「相信和仰望」，相信是感受、接受的意思，仰望則是指對偉大存在致以敬意、自我謙虛。

耶穌・基督曾說：「神即愛。」（注8）愛確實是神的屬性之一，但在耶穌・基督的話中有更深一層的涵義。

「神的存在無法證明，若要舉似神之物，那即是愛。任誰也無法證明愛的存在。然而，每個人不是都能認識到愛的美好嗎？人人不是都能感受到愛的魅力嗎？人們不都相信愛的力量、在追求著愛嗎？

信仰就是如此。相信愛存在的人，就要相信神的存在；相信愛的力量的人，就要相信神的力量。因為，神即愛。看吧！做為神子的耶穌・基督成就了愛的作為。這並非是我所為，而是我的天父，我的神，降臨於我，讓我如此作為。若想看到愛，首先就看我所為！因為這就是愛，這就是神的存在。」上述即是兩千多年前，耶穌・基督在拿撒勒（Nazareth）向人們提出的教誨。當時在天上界指導耶穌・基督的即是我，所以我能夠清楚地知道當初耶穌・基督的話語。

三、愛的力量

在我的認知當中，愛是人世間無與倫比的力量，在四次元以上的多次元世界中，愛同樣也是最大的力量。隨著向高次元攀登，愛的力量也愈增大，因為愛是結合的力量。相反地，互相排斥只會削弱總體的力量，團結、和睦可以把一份力增加為兩、三倍。愛所向無敵，沒有任何敵人可以阻礙愛的力量。

愛是戰車，愛翻山越谷、跨河渡沼，無視邪惡的要塞，是一台勇往直前的戰車。

愛是光明，愛照亮了暗夜，是一道照亮了過去、現在和未來之光。愛散發出無限的光明照耀著天、地、人心，溶化一切世俗罪惡，安撫人間一切悲哀。

愛是生命，愛是人生存的食糧和力量，愛使生命之火熊熊燃燒。愛溶於一切，沒有愛即沒有生；沒有愛即沒有死。沒有愛就沒有前方之路，沒有愛即無希望。愛即所有一切、生命的食糧。

愛是熱情，愛是年輕的活力、是對無限可能性的信任。愛是熱情中的真摯之心，是永不停頓的生命躍動。

愛是勇氣，沒有愛，人生就不能振奮；沒有愛，人就不能直視死亡。愛是點燃真理導火線的火種，是射向迷妄的利箭。

愛是誓願，人在愛的名下才能夠一同生活、一同交流、一同成長。若沒有愛的情誼，就容易誤入迷途、走向末路。

愛是言語，沒有愛也就沒有言語，沒有言語也就沒有愛的體現。愛是美麗動聽的言語，是良善的意念、是優美的頻率、是和諧的旋律。神用言語創造了世界，愛透過言語創造了人。

愛是和諧，有了愛，人與人才能和睦相處，互相寬容、互相勉勵，進而創造完美的世界。理想的愛中充滿了空前的和諧，沒有任何惱怒、嫉妒和憎恨。

愛是喜悅，沒有愛就沒有真實的喜悅，就沒有真正的幸福。愛是神喜悅的表現，是一掃塵世間悲哀的魔法。在愛的喜悅之中能再誕生愛、能再產生喜悅。愛是喜悅的循環。

愛是進步，一份愛心能夠創造一個進步；一份愛心能夠放射出一道光明。有愛相伴的時光即是進步的日月。愛是進步、向上的動力，愛能夠使你朝向神的懷抱飛翔而去。

愛是永遠，愛貫穿過去、現在和未來，存在於人類史上的任何時代，所以無人不知愛的存在。愛是貫穿一切時光的金色光翼，遨遊天空的天馬。愛是流逝的時光中永恆生命的證明，是捕捉永遠的獵手。

最後，愛是祈禱，沒有愛就無從祈禱，沒有祈禱也就沒有愛。愛能夠透過祈禱產生更積極的力量，愛能透過祈禱使萬事成就。祈禱是使愛更崇高、更深奧的祕法。換言之，向神祈禱能成就愛，向神祈禱可使愛得以實現。神即是愛，愛即是神，透過愛展現神的力量的即是祈禱。藉由祈禱，人們得以有活力，藉由祈禱，才得以認識神。透過祈禱能夠將愛的威力發揮到最極致的境界。

四、愛的神祕

無限的愛不僅具有極其神祕的魅力，而且高不可測，所以愛能夠使人回味無窮。

或許神不願意在人前出現，所以才把做為替身的「愛」送到人間，讓人們透過愛的實踐認識真正的自己。愛是學習的好材料，愛之所以神祕，是因為雖然看不見卻能夠感受到它的力量。下面以一個寓言故事來說明愛的神祕。

從前有一年邁的老者，無子無孫，孤苦伶仃地生活在某個村落。村內的小孩子常常跑到他住的村口小廟堂遊戲，孩子中有個很頑皮的十三歲少年，名叫太郎，太郎小時候失去了雙親，由姐姐和姐夫撫養。

有一天，當太郎在廟堂的石階上玩耍時，忽然有三隻麻雀飛來停在離他不遠的地方，唧唧喳喳交談起來。首先，其中一隻麻雀開了口：「這個世界上最值得尊敬的是太陽公公。有了太陽公公的光輝，才能使我們看到形形色色的世界，也使樹木、花草非常喜悅，稻穀豐實，最後，我們也才能夠享福。

如果太陽公公躲起來的話，世界就會黑暗無光，任何生物也就不能生存。感謝太陽公公的恩德才能使生命保全，但是人們不知天高地厚，任性好戰。有一天太陽公公可能會感到厭煩而躲起來呢！」

另一隻麻雀接著說：「依我看，在這個世界上最珍貴的是水。沒有水誰能活下去呢！如果沒有水，草木在一個星期之內就會枯萎，稻麥不結實，我們也要被餓死了。動物沒有水也會活不成，水是最珍貴的生命之泉。

我們總是感謝水的恩惠，和睦地生活，但是愚昧的人類卻從不重視水的可貴，輕易地浪費，反而拚命地去爭奪無用的寶石、首飾等。我們能滿足神賜予的天生容貌，但無知的人總想裝扮得比別人漂亮，總想比別人偉大，總想比別人多掙些錢，真滑稽！」

隨後，第三隻麻雀沉重地說：「你們說的都對，太陽公公和水都很珍貴。世上最有價值的東西往往普通得讓人們注意不到它的存在。依我看，最珍貴的是人們平時沒有意識到的空氣。沒有了太陽公公和水，我們還能夠活幾天，但要是沒有空氣，用不著一分鐘我們都會死去。道理很容易明白，但空氣給予這個世界的恩惠，大家卻很難意識到。

天上的鳥用深呼吸對空氣表示感謝，水中的魚在缺氧時也會露出水面吸足空氣表示謝意呢！可是人顯得多麼傲慢，認為飛機飛上天全憑自己的智慧，其實沒有了空氣，飛機想飛也飛不起來。麻雀和飛機在空氣中飛來飛去，空氣卻不索取分文回報。我們感謝空氣，卻從沒見過人們真心地珍惜過空氣所賜予的恩惠。」

太郎聽了三隻麻雀的對話，深感悲傷、低頭沉思：「自己受到的教育是說，人是萬物之靈長，卻從來沒有感受到太陽的恩德、水和空氣的恩惠。不知恩惠的人是愚蠢的，竟然連麻雀都不如。」一想到這，太郎一口氣跑上石階，把三隻麻雀嚇得高高飛去。太郎跑進了小廟堂，邊哭邊把剛才的事講給老人聽，他說：「我不願意做個愚蠢的人，不如去做隻麻雀好了！」

聽了太郎的話，老人答道：「太郎啊，你明白這個道理就好了，雖然人迷失了最珍貴的東西很愚昧，但只要人與人之間相互愛護，人的罪孽就能夠得到寬恕。人有醜陋的一面，但是只看醜陋，它也不會消失。

神為了赦免人的罪孽和消滅醜陋，賜予了人名為愛的魔法。擁有神祕的愛的力量，人才能夠做萬物之靈長。」

五、愛所向無敵

愛是最偉大的力量，愛是所向無敵的。

人雖然在各種艱難的環境中進行著靈魂的修行，但是轉生於世間是在靈界預先計畫好的，世間上的困難究竟有些什麼呢？有疾病、貧困、挫折、失戀、破產、友人的叛離、與愛戀者的離別、與厭惡者的相處等，還有年老態醜、身體衰弱、身不由己，最後是死亡。

如果只是把這些當成現象來看的話，人生就會充滿悲痛和苦惱，但是這些痛苦有苦惱的意義，傷悲有傷悲的意義，因為悲痛和苦惱能夠促使人們去做選擇。何種選擇？也就是，每個人皆在選擇是要過施予的人生，還是要過被施予的人生？

歸根究柢，愛的本質在於施予。神賜予了人類愛，所以人們不能把愛視為私有，應該向人施予分享。神的愛是無限的，所以人不管施予了多少愛出去，其愛也不會有枯竭的一天，因為神對人類供給的愛從未間斷過。

愛的本質首先是施予，對此應該要有深入的理解。

為了愛的問題而痛苦的人，請聽清楚了！為何你們會如此痛苦？為何因為愛而感到痛苦？這個痛苦是起因於你們對他人施愛嗎？不可要求回報啊！若有要求回報的心，那就不能說是真正的愛。真正的愛是施捨，施愛即是無償的愛。你們所施的愛，本來就不屬於你的，你的愛是神所賜給你的。為了將這份愛還給神，我們就要去愛他人。

痛苦的原因往往出自於自己去愛某人，卻感覺某人不愛自己。不，其實不是別人不愛自己，而是你認為別人對你的愛和自己的期待有所差異，這樣的想法使自己陷入了以愛為機緣的苦惱之中。愛的回報不是來自人，而是來自神。

什麼是來自於神的回報呢？那就是對他人施予愈多的愛，就愈能使自身成為接近神境之人，這就是神給予的回報。

人們應試著觀察神的本質！神不就像那燦爛的陽光，向萬物無償地賜予無限的愛和慈悲嗎？

既然如此，人們就應試著開始對他人施愛。施予就是指在生活中為眾人的幸福著想，向在迷惑中的人心注入愛的光明，幫助更多的人從困難和挫折中重新站起來，並度過充滿智慧與勇氣的時光。

施愛時需要具有智慧，單純給予物質還不能說是施愛，慈悲魔不是施愛。真正的施予，是指真心地勉勵他人、使他人的能力得到發揮，這必須具有智慧。應該用智慧和勇氣去施愛，走向施予無償之愛的人生。

愛的前面不存在著敵人，愛是無敵的。那是因為真正的愛是施愛、無償的愛，是不容抵抗的無限力量。愛是大河，是從無限的上游，奔流至無限下游的大河。

無論任何人或物，都不能阻擋愛之大河的奔流。正因為愛賜予了一切，推進著一切，所以在人世間沒有任何抵抗愛的力量，可以永遠存在於愛的大河之中。

六、愛的發展階段論

以上已從多方面闡述了真正的愛是施愛，是無償的愛，接下來我不得不告訴各位，愛亦有其發展階段。

是的，愛也有發展的階段性，但世間上意識到如此發展階段的人不多。

愛之發展階段的第一階段，即「愛慕之愛」。愛慕之愛在某種程度上，可以說是最容易感受到的愛。譬如：父母對孩子的愛、孩子對父母的愛、男性對女性的愛、女性對男性的愛、對友人的愛、對鄰人的愛。如果再從廣義上來講，對社會、共同體的愛也應該屬於「愛慕之愛」的範圍。

「愛慕」，從根本上來看與施愛並沒有區別，只是對自己所關心的事物，給予好意，這是愛慕之愛。雖說很容易認識這個最基本、最一般的愛，但行之不易。

在這個地上世界，如果充滿了愛慕之愛，人間世界至少可以成為名符其實的人間天國。「愛慕之愛」是任何人都會予以期待的愛，因為人打從出生就能理解這種愛慕之愛的美好。然而，問題不只在於如何理解，而在於如何實踐。如果世人能真正地實踐這「愛慕之愛」，那麼世間雖是三次元世界，其樣貌卻可以轉化成五次元善人界。換言之，也就是說，愛慕之愛的實踐，即是走向地上天國的第一步。

愛之發展的第二階段，即「勉勵之愛」。對第一階段的「愛慕之愛」，任何人還都能夠實踐，但「勉勵之愛」卻不是任何人都能實踐的愛。因為，能夠做到勉勵他人的人，必須先藉由自身的才能和努力，提升自己以達到能引導他人的階段，否則的話就無法做到真正地引導他人。

也就是說，勉勵之愛即引導的愛，所以實踐此階段的愛，其前提就是要建立起優秀的人格，因為失明者不可能正確地引導其他的盲人。

如同河水從上游流往下游，這「勉勵之愛」亦是從上游往下流的愛，勉勵之愛屬於知性和理性的愛。如果不能根據高度的知性去看穿人與社會的本質，依據冷靜的理性去明斷問題的關鍵，就無法真正地引導他人。這勉勵之愛的體現者，還必須對靈性的退化者給予嚴厲的指導、指正方向，否則亦不能算是真正地引導他人。

從這層意義上，可以說「勉勵之愛」即屬於六次元光明界的愛。在世間實踐勉勵之愛的指導者，雖然其身在世間，其心卻可通六次元世界。

雖說對自己關心的人施予好意的「愛慕之愛」，以及將自己造就成為能夠引導別人的「勉勵之愛」，兩者都很美好，但單是這樣還不足夠。在勉勵別人時，只需要具有才能、或有過人的知性就有可能做到勉勵之愛，除此之外，有一種愛是超越了才能、知性和努力成分的愛，這就是第三階段的「寬容之愛」。

能夠實踐「寬容之愛」的人，一定具有向偉大的宗教境地飛躍的經驗。換言之，寬容之愛是超越了善惡、徹底履行自身使命的境地。到達如此境地之人，已經覺悟到三次元物質界的人們，是生活於靈性盲目的狀態，進而察覺到自身的愚昧而悔過自新，對靈性有所覺醒。唯有從自身的痛苦之中發現光明，方能為別人破解迷惑、愛對方的真實佛性。當獲得了超越才能的宏大度量、雅量、德之後，寬容之愛的境地才會顯現。

唯有認識到人的本質是佛子、神的分身，才能夠看出眼前自己視為敵人者，其本質之中，同樣具有佛性（般若智慧）。這寬容之愛的境地即菩薩境地，所以實踐寬容之愛的人，即是七次元界的使者，其心通向七次元菩薩界。

這絕不是說寬容之愛、菩薩之愛，就可以對惡魔的活動予以容忍或助長。惡魔阻撓著神向人間賜愛，惡魔本身的存在就意味著它是愛的反面定義。菩薩以「信仰心」、「無我之怒」和「空心之怒」迎戰惡魔，有些惡魔因為醒悟到自身無力與佛神抗爭而走入「寬容之門」。對此，在「寬容之愛」中，有時也需要使用「主動性的寬恕」。

七、存在之愛與神之愛

比「寬容之愛」更高層次的愛是「存在之愛」，這個階段的愛已經不是一對一的愛，甚至超越了上下關係。

此人光是存在於世間、光是存在於各位人生當中某個瞬間，便能讓各位脫迷開悟、回心轉意、選擇嶄新人生，這就是「存在之愛」。只因此人的存在，世界就顯得光明，有如點燃了希望的明燈。不是說此人因為在愛著誰才說這是愛、不是因為此人會說美麗的話語才說這是愛，也不是因為此人溫柔體貼才說這是愛，而是此人的存在就是愛。此人擁有偉大的人格，看到此人就如同看到愛。我們把這樣的人稱為「存在之愛」的體現者，這樣的人在人類的歷史中閃閃發光。

如果把「寬容之愛」比喻成具有高尚品德的宗教家之愛的話，那麼「存在之愛」就可說是人類史上高聳入雲的偉人之愛、世間之光、時代的精神。「存在之愛」已不是一對一，而是一對多、放射性的愛。它是光的存在，是光的化身。

由此可知，存在之愛的境地是何等高尚。是的，這是八次元如來界的愛。所以，代表某時代存在之愛的體現者就是如來，如來降生世間的事實，就是給予人類莫大的慈悲。慈悲是普照的光芒，慈悲不會因人而異，也不會有愛的濃淡之分，它不是「相對的愛」。慈悲是絕對的、沒有偏向的愛。

五次元的「愛慕之愛」、六次元的「勉勵之愛」、七次元的「寬容之愛」、八次元的「存在之愛」，這就是愛的發展階段。要想知道在我們的修行過程之中，是以何種「愛」為目標，就需要理解愛的發展階段。

當然，也有四次元的愛，四次元的愛是「本能之愛」。然而，如果只在本能上做發揮的話，就容易使自身的心靈與地獄界或幽界（精靈界）相通，所以說本能之愛並非是修行者的目標。

對地球人類來說，最高的愛是九次元「神的化身之愛」、「救世主之愛」。在此不是推薦世人把這樣的愛當做修行的目標，它是佛神所命的最高代理人的愛。假如有錯誤的宗教家述說「救世主之愛」的話，他回到的來世不會是九次元世界，而會是四次元中的地獄界最深層的無間地獄。因為，錯誤傳達佛神的聲音，這種行為在實在界相當於犯了比殺戒、強盜罪更兇惡的罪孽，這種行為會腐蝕比人的肉體生命更為尊貴的永恆靈魂。

因此，在「存在之愛」之上亦有「神之愛」（或者說「佛之大悲」），這是引導人類、期望人類進化的高層次之愛。

如此來看，在愛的發展階段修行目標以下有四次元「本能之愛」，此後便是可以做為修行、努力目標的「愛慕之愛」、「勉勵之愛」、「寬容之愛」和「存在之愛」，最後則是超越人心的「神之愛」。

八、愛與八正道

在第二章中已闡述了「真說・八正道」的意義，接下來將進一步講解「八正道」與「愛的發展階段」之間的相互關係。

「真說・八正道」是做人之八條「正道」，八正道是從平凡中獲得覺醒、追求悟道之依據。另一方面愛的發展階段的「愛慕之愛」、「勉勵之愛」、「寬容之愛」和「存在之愛」的四階段，可以做為世間修行的目標。

兩者相比較，可以說八正道重視日常的修行和覺醒，而愛的發展階段則是在不忽視日常生活修行的同時，在一定程度上將它視為靈魂中、長期修行的目標。

不論是透過實踐八正道去追求悟境，或透過實踐愛的發展階段以達悟道，兩者都密切相關。總歸起來，其相互關係如下：

1.正見、正語與「愛慕之愛」相通。
2.正業、正命與「勉勵之愛」相通。
3.正思、正精進與「寬容之愛」相通。
4.正念、正定與「存在之愛」相通。

首先，為何正見、正語與愛慕之愛相通呢？愛慕之愛是指自己對關心的對象所付出的愛。因此，在向對方表示好意時，首先必須以正確的信仰為依據，正確地觀察對方，明辨事物善惡很重要。此外，對方現在正需要什麼？對方現在在煩惱什麼？對此需要排除先入為主的觀念，直率地做正確的觀察。正確的觀察之後，接下來就要向對方表達正確的話語。換言之，即是不向對方講出有害的言語，而是向對方提供適切的建議，講出讓對方感到溫暖的話語，促使對方從苦境中重新站起來。

其次，正業、正命與勉勵之愛相通，正業即正確的行為。在釋迦牟尼的時代，它意味著遵守戒律，不犯身體的罪惡。換言之，即是不殺人以及其他生命（不殺生）、不偷盜東西（不偷盜）、不可與配偶以外的異性發生邪淫關係（不邪淫）。以現代的觀點來說，即是不使用暴力、不盜竊和不做違反倫理道德的行為，提高自己的社會倫理道德。此外，在行動上還必須充分地尊重他人的人權、人格，並且陶冶自己的社會品性，啟蒙他人。

正命，是指正確地完成自己的生命。換言之，即是正確地生活，避免從事違反佛法真理，讓自己墮落的職業（譬如：暴力幫派、賣春行業、或沒有意義的殺生行為等），不應該沾染上酗酒、賭博等不良癖好，不應該吸毒或過量吸菸有害健康。此外，也不應該借貸自己無法償還的巨額債款，不應該在高利貸的追逼下生活。人不可能獨自一人生活，每個人都需要得到別人的支援和幫助，彼此互相幫忙、互相引導，實踐勉勵之愛。換句話說，願意為打造烏托邦家庭而努力的人愈多，實踐「正命」的人愈多，人間世界就愈能接近天國的境界。所以說，「正業」、「正命」主要屬於勉勵之愛的階段。

第三，正思和正精進與寬容之愛相通。「正思」即正確的思維，意指不要被心之三毒的貪、瞋、癡再加上慢、疑、惡見的六大煩惱（注9）給牽著走，試著以真實的靈性角度來看待人際關係，並且想要予以調整的想法，這就是「正思」。不因對方的外在表現所迷惑，而是於心中描繪對方做為實相世界居民的真實樣貌，重新思索與此人的正確關係。如果自己在內心的想法上有了錯誤，就必須對此反省。彼此皆為佛子，自己應在心中描繪彼此應有的樣子。在互相引導、共勉的實踐中，一定能夠展現出空前和諧的境界。如果能夠做到正思，己心就會變得寬容，變得能包容所有事物。瞭解所有事物其實都是在磨練自己的心，就自然能使心境向寬容之愛的境地提升。

「正精進」是指在正確的道路上精進。如能為了習得佛法真理而努力、精進，並且斬斷誘惑，讓善念充滿己心，其結果，悟境即會日益提升。在佛道正精進，也能夠使德化能力倍增。在寬容之愛的境界裡沒有憤怒、埋怨、牢騷、嫉妒和憎恨。實現「正思」，世間就能湧現出空前協調的境界，這就是不動搖的心，它能發揮出有罪之人的力量。愈是在正精進上加以磨練，就愈能夠提升宗教性的見識，更高的寬容之愛的境地也就隨之展現。

第四，正念、正定與存在之愛相通。「正念」是指正確地集中意念。這是將心念集中於學習和實踐佛法真理的生活中，安然、沉著、正確地計畫自己的未來，祈禱能正確的自我實現，這即是正念。對於追求佛法真理的人來說，什麼是正確的自我實現呢？那即是意味著佛子之完成，達到了與佛一體的境地。這是如來的境地，也是人間最崇高的姿態。這樣的存在必能受到世人的尊敬，並且成為把光明帶到人世間的人。這就是「正念」，亦是崇高的正確人生目標。

「正定」是指正確的入定，正確地進入瞑想狀態，它是宗教家和追求佛法真理之人最高階段的姿態。自古以來，許多宗教家透過瑜伽、坐禪、止觀或反省瞑想等形式精神統一，與高級諸靈交流。在正定當中，首先是透過每日的反省，來達到與自己的守護靈進行交流的階段，其次是與指導靈進行交流的階段，最終是與高次元的光明指導靈、如來界的人們進行交流的階段。

人心，一念三千，如果能獲得如來之悟，就有可能在正定中與如來界的大指導靈交流。八次元如來之魂在降生到世間後，必有高次元光明大指導靈給予直接或間接性的指導，此人會接受到靈感，藉以遂行天職，這是確信無疑的事實。

從結論上來看，進入存在之愛的階段，其必要前提是正確地入定、獲得解脫、正確地完成精神的統一。

若從另一個角度來看，八正道之中也包含著各種修行的階段，即「正見・正語」→「正業・正命」→「正思・正精進」→「正念・正定」，依序在這四個階段上努力修行，就比較容易進行反省。這雖然與釋迦當年講述的八正道順序不同，但對初學者來說則是較有效的修行順序。（注10）

具體來講，在達到愛慕之愛的階段後，仍然要繼續努力實踐勉勵之愛，經歷勉勵之愛後，進一步實現寬容之愛，最後向存在之愛的境地昇華。

做不到正見和正語也就做不到正業和正命、正思和正精進，正念和正定也就不必談了。同樣地，如果不經過愛慕之愛的階段，就不可能進入勉勵之愛、寬容之愛和存在之愛的階段，最初的階段往往也是最關鍵的階段。

九、天使之愛

在本節之前，我將重點放在講述於世間接受愛，並實踐施愛的人們。在本節我將講述提供愛的一方，換言之，即是高級靈界的天使之愛。

天使，通常指六次元光明界上層階段以上的人們，即六次元諸天善神，七次元菩薩、八次元如來、九次元大如來，或是被稱為大師（Guru）或高次元光明大指導靈的人。

實在界的諸靈對愛的給予方式各有不同，六次元阿羅漢（光之天使）的愛有三種：

一是對世間之人做為守護神的愛。二是做地獄靈的救濟者的愛。三是做五次元善人界居民的教育者的愛。

七次元光明菩薩（天使）的愛則有四種：一是降生世間，做為宗教家或各個領域的指導者，教導世人的愛。二是做為如來界大指導靈輔助者的奉獻之愛。三是擔負拯救地獄靈的責任者的愛。四是做為提供實在界光明的提供者之愛。因為諸天使、菩薩的媒介，使佛光得以充滿六次元以下的世界。

八次元光明如來（大天使）的愛有五種：一是每隔幾百年便降生人間一次，或興起新宗教、或做偉大的宗教改革家傳播新的真理教義的愛。二是做諸菩薩的指導者的愛。一般來說，一位如來大約可指導幾十名菩薩，反之每位菩薩也必定以一位如來做為師。三是與地獄撒旦對抗，統領聖戰隊使其悔過自新的愛。四是肩負佛光七色光譜中的一種光線（如愛的光線），並將其光線普及人間。五是設計新文明，承擔實際責任，發揮創造性的愛。

九次元光明大如來、光明大指導靈的愛，囊括了各次元的各種表現，大致上來說可分成六種：一是每隔幾千年降生人間，創建世界性宗教，淨化人間，體現救世主的愛。二是從實在界指導做為救世主轉生於世間之人。三是掌管和促進人類的進化。四是佛的七色光的光源的愛，換言之，就是提供八次元以下的世界個性之光。五是做為實在界秩序的管理者，承擔掌控每個靈魂境界之進度。六是承擔宇宙計畫中統管整個地球規劃的最高責任。

十、愛的大河

以上講述了人類之愛與天使之愛，接下來說明貫穿在三次元以及四次元以上的多次元世界、高次元世界之愛究竟為何的問題。愛是一條永遠奔流不息的生命之河，是源遠流長的生命之水，若以靈眼眺望九次元到三次元，你可以看到有一條起源於高次元愛的大河在奔騰。這巨大的能量之河從九次元向著八次元、七次元、六次元、五次元、四次元、三次元奔流而下的壯景宏圖，令人驚嘆。

愛，就像是這樣的大河，是一股由上游奔向下游，不知停歇的力量，亦是無法抵抗的生命力。愛的面前沒有敵人，看到這幅宏觀之壯景，你就會知道在愛的面前不可能有任何敵人。

各位或許會認為所謂的地獄是與天國、神（佛）抗拒的勢力，也許有些人認為天國和地獄分別是一個巨大的世界，但事實絕非如此。起源於神（佛）的愛之河來自遙遠的高次元，勢如破竹向下奔流。相較之下，地獄所在的四次元世界，只是位在遠方的下游河口罷了，那些以物質、欲望、迷惑和惡毒為名的海水，根本無法鹽化這條愛的大河，那是一條無法抗拒的滔滔奔流。

愛是光明。就像黑暗無法戰勝光明一樣，沒有邪惡能夠戰勝愛的力量，沒有任何地獄能夠與愛的大河抗衡。地獄不足以形成能夠抗拒天國的勢力，地獄只不過是盤踞在神

（佛）世界某一部分的癌細胞，是企圖渾濁愛河的濁流而已。

自古以來，世人多認為地獄與天國幾乎是相同的規模，天使與惡魔是對立的存在，但事實並不是這樣。天國之整體包括了從四次元幽界開始一直到遙遠的高次元，而地獄界只是在四次元世界局部的一塊陰暗巢穴。

然而，不能輕忽這個地獄巢穴的影響，現今地獄人口有數十億之多。不過就像陽光下沒有不能溶化的冰雪，同樣地，地獄界終究要消失。世人之所以對於地獄界的影響有過大的評論，是因為地獄的靈域非常靠近地上界，所以很容易被彼此的波動影響。

那麼，形成地獄界的要素是什麼呢？以下列舉一些會轉換成為地獄性能量的意念。

嫉妒、嫉恨、本能性感情衝動和惱怒、發牢騷、不知足的心、不平不滿、悲觀之心、消極之心、優柔寡斷、疑心、懶惰之心、自我厭棄、憎惡、怨恨、詛咒、情欲、自我顯示欲、利己主義、惡口傷人、挑撥是非、躁鬱、酗酒、暴力、排他主義、說謊、虛偽、唯物主義、無神論、孤獨、獨裁主義、金錢欲、地位欲、名譽欲、不和諧的意念。

這些全是負面的能量，但絕非是實際存在的。之所以會產生出類似憎惡、嫉妒、惱怒和牢騷等惡性意念，其根源就在於缺乏愛、缺乏愛的能量。

總之，地獄靈根本不是能與天上界之光對抗的力量，它們不外乎都是一種「渴望獲得愛」、盼望能得到更多愛和溫柔的存在。在地獄靈的內心同樣也對「愛」有需求，所以地獄靈也是不幸、可憐的靈魂，是需予以拯救的存在。他們是得到「愛之缺乏症」的不幸患者。

先前我提到了，所謂的「愛」是要施予出去的。然而，在地獄當中的人總是貪婪地希望得到愛。不知何謂愛的本質，總是過著「奪愛」人生的人，其結果即是在地獄當中受苦。

要消滅地獄界，從現在開始也不遲，要怎麼做呢？

那就是所有的人都必須醒悟到「愛的本質是施予」。那麼，你首先要從哪裡開始施予呢？「施愛」，首先可以從「感謝」開始，感謝佛賜予了所有一切。當能夠察覺到這一點，就會變得想要為這佛所創造的世界付出些什麼。向創造了世界的佛報恩，便是施愛的第一步。

注釋

注7：這裡講述的「神」是以海爾梅斯（Hermes）神為原型，在後文中從基督教的角度陳述「神」的時候，即是指主・愛爾康大靈。

注8：「神即愛」是指主・愛爾康大靈的本質是「愛之神」，即是耶穌・基督的意識（覺悟）。

注9：心之三毒與六大煩惱：心之三毒指損害佛性的三種惡性精神作用（煩惱），它們是貪婪之心（貪）、惱怒之心（瞋）和愚昧之心（癡），加上傲慢之心（慢）、疑惑之心（疑）、以及各種錯誤的見解（惡見），統稱六大煩惱。這些惡性精神作用是迷惑人、使其不能有正確思維、使人的靈魂墮落下地獄的最主要原因，這也是佛教之正思的基準。正如「百八煩惱」一說那樣，有許多惡性精神作用，這也說明了正思具有無限的深度。

注10：對於致力於修行的「幸福科學」會員，推薦可以實踐根本經典《佛說・正心法語》中的「佛說・八正道」。

第四章 覺悟的極致

一、何謂覺悟

「覺悟」是人類始終探索不息的人生目標，儘管未能徹底領會何謂「覺悟」，但在追求「覺悟」的願望中，肯定有著想讓自身的人格、靈魂更加向上飛躍的期望。

當談及有關「覺悟」的問題時，會讓人覺得它具有十分濃厚的宗教色彩。但其實不光是宗教，在哲學當中也讓人覺得有著追求覺悟的渴望。從哲學觀點求悟，體現了一種想要達成真理的意願，這是一種試圖用理智去掌握世間未知領域以及世界構造的心念。

以孔子為代表的「儒教」是否屬於宗教暫且另當別論，但至少可以說孔子的訓育是人品完成之道，是道德完成之極致。我相信，就此而言是無可非議的。孔子曾想讓人們透過「道」，從教育的觀點中有所醒悟。

我在本章要敘述的，主要是宗教性的「覺悟」，當然，其中也含哲學性探求真理之願念和人間道德完成之道。然而，在論述宗教性的覺悟，必須要闡明「覺悟」和佛的關係。

所謂悟道，即是一方面探求這個佛所創造的世界的原理，一方面使自己的心境接近佛境。從這個意義上來講，覺悟沒有極限。換言之，人不可能徹底達到「悟透」的境地。因為不管付出多大的努力，想要徹底解開實在界的一切奧祕，幾乎是不可能的。也因為自己在走向佛境的努力過程中，不度過永遠的時光就不可能實現。

儘管如此，「覺悟」還是具有階段性，也就是說人可以到達不同階段的悟境，甚至達到轉生於世間肉體之人的最高悟境也是可能的。

以下就從多方面來說明邁向人類最高悟境的階梯。

在人類記憶中，過去偉大的宗教家、大師當中，曾透澈地追求覺悟的是在兩千五百多年前，在印度說法的喬答摩・悉達多，人稱釋迦牟尼佛。自釋迦在菩提樹下大悟成佛，一直到八十歲在拘尸那迦城外的沙羅雙樹下涅槃為止，他說的法以及其崇高的悟境，在各式各樣的文獻上皆有記載。但遺憾的是，這些記載多是片斷性的，釋迦實際的覺悟境界並未得到完整的傳承。

心的世界真是不可思議，自從我的心扉敞開，能夠與潛在意識交流以來，至今已過了十幾個年頭。其間，我能夠如實地領會昔日聖人們的所思所想、所為所悟。心的世界，的確奧祕無窮。

儘管已過去了兩千年，但在我的靈魂中仍清楚地記著，釋迦在菩提樹下大悟的內容，並能夠清晰地從靈界接收到當時的場景訊息，栩栩如生。

本章主要以釋迦之悟為中心，重新探索有關現代覺悟的問題，但願能為後世留下關於覺悟之智慧。因為悟道的方法，是人類從過去傳承至今的遺產，也是人類未來的希望。

二、覺悟之功德

究竟各位做人求悟，為的是什麼？究竟悟道之後，有何益處？在思索這個問題之前，首先要思考人類本來的目的和使命是什麼？

這個問題的出發點在於「人類為何誕生在世間，靈魂為何要宿於肉體降生人間」的問題之上。

各位做為人轉生於世間前，做為靈魂在天上界時，過的是自由自在的生活。不吃東西也不會死，亦不需賺錢維持生計，更不需經歷在母親胎內十個月的痛苦。不會因幼稚而不懂事地哭鬧，沒有青春期的性苦惱，沒有親子間的家庭糾葛。沒有經濟貧困，沒有職場上人際關係的痛苦，沒有和厭惡的人相處之苦，沒有與心愛之人離別的傷感，沒有衰老，沒有身體疾病之苦，身形不會變得老態龍鍾，沒有被子孫們厭棄的痛苦，沒有與伴侶死別的悲傷，沒有自己也終將死去的害怕，在天上界中完全沒有這些痛苦。

在天上界中，因為彼此的心如清明透澈的玻璃，任誰都可一眼看穿，如果存有不和諧的意念，就難以與他人共處於相同的世界。因此，每天遇見的人都是和自己意氣相投的人，那是一個互相關愛、互相勉勵的世界。

此外，在靈界生活的靈人們，還可以自由自在地變化自己的年紀。此外，當自己需要某種東西的時候，只要加強自己的心念，東西就會出現在眼前。所有的人靈都在各自的階段，為了悟得更高的真理，而不懈地努力著。

己心狀態不協調的地獄靈，不可能從地獄轉生到地上界。因為他們的心充滿了鬥爭和破壞的意念，這樣的心是不被允許宿於肉體轉生於世間的。

那麼，要如何才能轉世到世間？首先，必須是住在四次元幽界（精靈界）以上的居民，並且對於自己是靈性存在、自己是佛子有著一定的覺悟，否則就無法轉生於世間。倘若此人尚未完成最低限度的反省，那麼此人即無法轉生到世間。由此看來轉生到世間，對於天國之靈來說，從一開始即是一個考驗。而轉生到世間，對於長年待在地獄

界，終於結束反省的靈來說，亦是一個重新做人，再次出發的機會

從此意義上來說，地上界是個修行之地。在天上界自由自在的靈宿於肉體，降生世間，這即是自身靈性、佛性被考驗之時，自己的靈性覺醒，到底是否為真的徹底考驗之時。在靈性自由的狀態下，去相信佛是很容易的，但在三次元物質世界的法則下生活時，到底還能夠醒悟多少四次元以上靈界的法則？能否醒悟佛的力量？能否醒悟這是佛力運作的世界？只有徹底地通過這道考驗，人才能回到比自身原本存在的世界，還要更高次元的世界。

在地獄界長年的痛苦中，終於達到了反省的境地，得到做為佛子最低限度覺悟的人們，他們轉生世間前，皆立志這一次要洗心革面，重新再來過。然而，在那其中仍然有許多人，受到三次元物質世界粗糙波動的影響，忘記自身原是佛子，進而沉溺在深深的欲望世界中，其結果就是再一次無法回到天上界，墮落到更陰暗的地獄深淵。

所以說，三次元物質世界、現象世界，即是如此嚴格的修行之地，但從另一面來

說，其亦存在著救贖。在實在界中絕對無法見到面的人們，可以在這三次元世界當中共聚一堂。既能夠與宿於肉體的光明大指導靈有相逢的機會，亦會和地獄撒旦心念相通的人相遇。這些人在出生時都站在同一條起跑線，皆被平等賜予了讓人生能夠重來的機會，換言之，「覺悟的功德」將會在人生重來之時發揮作用。

三、覺悟之方法

接下來，論述到底人要如何才能覺悟呢？所謂「覺悟」是指在人生重來的過程中，進一步磨練靈性和佛性。在思索磨練靈性和佛性的方法時，可以發現其中存在著無限的可能性以及無限之路。

這無限的可能即是指各種修行方法。不只佛教，基督教、神道、儒教、道教、回教當中，皆有其各自多樣的修行方式。正因如此，活於世間的人雖然是在追求佛道，但也彷彿走入森林迷路了，最終人們開始察覺到，不是選擇何種修行方式，而是要去思考什麼宗教才是正確的宗教。

世界的大型宗教皆是以某種形式體現出佛光，姑且不論那些街頭巷尾的新興宗教，在千百年人類史中能夠撼動人心的宗教，皆可看到領導者的人生，閃耀著佛的光輝。當然，根據時代、民族和風土人情的不同，這個光也會呈現出不同的色彩。

然而，過去的教義就是過去的教義，現今面臨新的時代，急需要有因應新時代的新教義。對於新的修行方法，也必須要摸索探求。

總之追求覺悟的方法，就是指如何將自己的境界和佛的境界相融合的方法、如何將佛心視為己心的方法、如何依據真理而生活的方式。

由此觀點來看，在生活中不但能實踐八正道，也能實踐愛的發展階段的理論。在此，想要依循佛教路線來修行的人，可將八正道當做每日生活的指針。因為八正道不但包含著普遍的佛法真理，也是求之不盡的人間完成之路。

世上究竟有多少人可以做到正確地觀察、正確地思維和正確地表達呢？有多少人能做到行為端正和過正確的生活呢？有多少人能做到正確地精進、正確地精神統一、正確地入定、徹底地領悟深奧的佛法真理呢？換言之，這八正道之路是即便花費一生的時間，也無法達到的邁向覺悟境界的具體方法。

對於剛入門的人來說，要修練八正道的「正見」、「正語」，至少要用到五至十年的時間。當自認為已經熟練了之後，就可以試著將重點轉向「正業」、「正命」，每天進行修習。如果能登上這個階段，應該就可獲得六次元光明界的悟境。

而實踐「正思」、「正精進」就可說是正式地站在宗教生活之門前。在坎坷的人生路上，不管有怎樣的苦難來襲，若能持有著如鋼鐵般的不動之心，迎戰一切困苦，即可說此人到達了阿羅漢（梵語：Arhan）境地。阿羅漢的境地是從六次元光明界，登入七次元菩薩界的登龍門，在此階段上的人，已經做到某種程度的自我修練。如果內心很容易被他人之言所動搖，對區區小事大動肝火，在名利地位面前心動的話，就說明距離阿羅漢的境界尚且遙遠。

現今世界各地都有各式各樣的宗教家，此時人們應該去看看這些人的心性和行為。做為宗教指導者，如果執著於超能力，或利用人的弱點，恐嚇他人日後會下地獄、會有天懲，藉以騙取錢財的話，此人就絕對尚未到達阿羅漢的境界。阿羅漢的境地是走向光明菩薩的第一階段，如果在名利地位、好色縱欲、惱怒怨恨等面前容易動心者，就說明此人絕不是天國派來的宗教領導者。

追求悟道最基本的方法，即是追求心不為世俗現象所動，保持純潔透明，能與守護靈交流，洞悉人心的境地，也就是先以達到阿羅漢的境地為目標。若不經過這一階段，便無法獲得更高層次的悟境。因此人們首先應將達到阿羅漢境界做為修行目標，在阿羅漢之上還有著更崇高的真理覺醒悟境。

四、如心

比阿羅漢境界還要高深的悟境又是如何呢？

阿羅漢境界是指，確立了對佛的堅定信仰，建立了不輕易受塵世波動影響的不動心，能夠接受守護靈的指導，並且能夠看透在日常生活中所接觸到的人的心。換言之，在此時以做人來說，已達相當程度的完成，若是宗教人士到達了如此階段，則此人已能指導一般的人們修行。

雖然如此，但這並不表示阿羅漢就沒有翻落的危險，阿羅漢只不過是經由一定程度的反省，達到了與自身潛意識層之守護靈進行交流的境地而已，事實上還不能充分理解光明菩薩們的心，對於佛法真理的教義高低、多樣化、深度，尚未有充分的理解。因此，還是有可能受到異端邪說的迷惑。

此外，如果是對住在靈界裏側的天狗界、仙人界的人來說，阿羅漢的心境，通常會以單純的占卜、靈異現象或是初級的神通力顯現出來。實際上，最重要的還是要提升對於「愛」和「覺悟」的心境，絕對不能輕視學習佛法真理。

此外，還有另一個從阿羅漢境地翻落下來的原因。阿羅漢好比是金屬的表面經過擦拭、去鏽之後，發出了光亮的階段一樣。在沒有塗上防鏽劑的情況下，如果不繼續磨練己心，隨時都會再次生鏽。如果沒有察覺到己心已經生鏽，還以為自己是「大師」，妄言稱悟的話，其後果是不堪設想。

心在發出閃耀光芒時，表面是非常光滑的。如果在此時遭受任何惡念的攻擊，心都還具備一定程度的回擊力。然而，心若是生了鏽，表面變得粗糙不堪時，就容易沾染上各種污濁了。

地獄的惡魔會在此時伺機而動，在其粗糙的表面打下鐵釘，套上繩網。這繩網直通地獄深淵，各種生物、亡者、動物靈或撒旦等，就會沿著這繩網從黑暗中爬入此人的心。

有很多宗教指導者好不容易才達到阿羅漢的境地，但也有些宗教領導人會受不住惡魔的誘惑，變得歇斯底里，蠱惑人心，須知道這有著危險的陷阱。因此，隨時擦拭去鏽相當重要，這樣才能讓心持續發光。如果放任心生鏽，就有可能不知不覺地被惡魔列為俘虜的對象。

即便想要趕走惡魔，重新來過，但惡魔又會在背後偷襲，若僅是進行單純的淨靈，或是進行趕走惡魔的儀式，那是得不到真正的拯救的。總之，只要不除去心上的鏽垢，再怎麼淨靈，惡魔還是會潛入人心。

要讓自己的心放光，就要磨練己心，如果可以的話，要在心上塗上防腐劑或防鏽劑。讓己心不生鏽，會讓自己向更高的悟境邁進。

在阿羅漢之上的悟境即是「如心」。如心是指能接受比自己的守護靈靈格更高的高級靈指導之階段，是能夠與指導靈進行靈性交流的階段，這個指導靈是指七次元菩薩界以上的高級靈。此境界已是幾乎不退轉的境界。如無例外，一般來說不會遭受魔界的蹂躪，因為接受了諸如來、菩薩的指導後，能夠放射出更強烈的光芒，使惡魔不易靠近。

如心是保持謙虛、不自高自傲，對他人施予，向社會奉獻的姿態。換言之，達到如心階段的人，其心每日皆在思索如何才能為社會貢獻、如何才能拯救迷途之人。阿羅漢之所以翻落的原因，大多是出自於增上慢，但是達到這不退轉的如心境界時，利己主義或自我中心等私念已從心中消失，能隨時保持著平靜之心。真正的實踐八正道之「正念」和「正定」，亦是從這如心的階段開始。

如心還具有另一個特徵，當心境臨近「觀自在」的境地時，可知位於距離自己幾百公里遠之人的事。譬如，光是看某個人的姓名時，即使這個人在地球的另一邊，亦能夠於瞬息之間知道此人現在的心境、煩惱、有無被靈憑依，亦知道此人的前世、前前世、前前前世甚至未來世。但要注意，縱有這種能力也要謹慎小心，須防止自己陷入「超能力至上」的狹隘圈圈中，應時常加深愛心和磨練知性。

五、觀自在

如心的境界，可謂是和靈界的祕義相連結的菩薩心境，有時亦可與如來界相通。雖然如心也存在著上下階段，但阿羅漢境界之上的如心，意味著菩薩的境地。這個道理不僅適用於在地上界開悟之人，亦適用於實在界的靈人。

只不過，不是說凡是靈界中的靈就能知曉一切，諸靈的認識能力和覺悟之高低，決定了各自能夠理解和把握的範圍，其最典型的例子，就是「預知」。四次元以上靈界的靈人，雖然彼此的程度有所差異，但任誰都能夠某種程度地預測將來會發生的事。然而，若想要預測世間三次元之人的事，往往會出現問題，其原因在於時間或者是地點可能會發生誤差。

若再稍微詳細的說明，其理由有兩個，其一，在將來會發生的事情當中，包括了確定性事件和流動性事件。所謂確定性事件，是高級靈界決議執行的事，如無特別意外不會變更。流動性事件則是指，如果某種狀況持續發展下去，就有可能發生的某種結果，這尚且屬於階段性的預測。所以這是會因為世間之人的努力，或得到了守護靈、指導靈的協助，而有所改變。換言之，天上界諸靈的預言也有可能產生偏差。

其二，因為天上界諸靈的意識階段不同，各自擅長的領域也有不同，所以預知未來的精確度亦有水準之差。一般來說，靈格愈高其預知準確度也會愈高，此外，以預知為專門職業的靈也能有較高的命中率。

以下說明在如心階段之上的觀自在的覺悟境界。

《般若心經》的第一行即說「觀自在菩薩　行深般若波羅蜜多時」。若譯成現代文，意即「觀自在菩薩修行境地提升，內心潛在意識寶庫敞開之時」。觀自在菩薩不是指人的姓名，而是指修行的程度已經達到了觀自在菩薩的境地。

「菩薩」是指通過了自身的「小乘」階段，到達了普渡眾生的「大乘」心境及願念。即便達到了菩薩境地，仍舊會出現人間的煩惱和痛苦，並非是一直能保持發揮神通力（法力）的狀態。然而，隨著菩薩的心境提升，到達菩薩界的上上層階段的悟境，亦即到達了「梵天」的境地之後，就不容易再受到小病或其他人際關係等事物的影響，進而能穩定地發揮神通力。換言之，觀自在菩薩是屬於梵天的境地，其位置在菩薩界和如來界的中間，可以說其魂已經到達了七次元或八次元的靈域。

在釋迦的時代，印度人曾經將觀自在菩薩稱為「阿縛盧枳多濕伐羅」（梵語：Avalokitesvara），觀世音菩薩是同義詞。雖說其能力尚未到達極致境界，但觀自在菩薩的境界，已具備了全部六大神通力。六大神通力即是天眼、天耳、他心、宿命、神足和漏盡的六種靈性能力，以下將逐一講解。

天眼，即所謂靈視能力。持有這種能力，不但能看到他人的後光及其憑依靈，甚至還可以透視靈界。

天耳，即聽聞靈界之靈的聲音的能力。接收靈言即屬於此範疇。

他心，即讀心能力。能夠輕易地解讀他人心思的能力。

宿命，不但能夠清楚自己的未來，在解讀了他人的想念帶之後，即知此人的命運、宿命。當然，亦可知道前世之事。

神足，即幽體離脫。雖肉身在世間，但也能夠前往靈界，也就是俗話說一遁千里的能力。

漏盡，即「從心所欲，不逾矩」。孔子一語道破了這個境地。它是指不被欲望迷惑，達到了自在超越世俗欲望的能力。即便自己具備了靈能力，仍持續磨練心性，精進不懈的能力（注11）。

觀自在菩薩就是指，以某種形式具備這六大神通力的人。這是比能夠同時讀取眾人之心、明瞭身在遠方之人的心思的「如心」狀態，還要更高段的心境。

六、一即多、多即一

做為人在世間修行，正思、正精進、正念和正定到達了最高階段，如果用愛的發展階段來形容，即是實踐「存在之愛」的階段，以下將對這個如來界悟境進行講述。

至菩薩境地為止，自己看待自己的「魂」，在某種程度上，還是以肉體人的形態做自我認識。靈的存在本是無形的能量體，是無姿的知性。不過在長年輪迴轉生的過程中，有許多靈人被人體形狀的魂給拘束著，因而在功能上失去了本來的自在性。

換言之，在七次元菩薩界當中的人們，依舊是以人的形態進行修行。有了雙手、雙腳，既穿著衣服、也有髮型、五官，大多數的菩薩還是以如此形態來自我認識。如果不採取人形的樣子，或許他們反而會感到不安。所以，即便他們具有高尚的德行和指導能力，但其力量多少還是有人的靈力之侷限。

然而，進入了八次元如來界，情況就有所不同了。如來界的人們，知道自己並非是人體形態的靈魂，那不過只是在長年輪迴轉生的過程中，曾經宿於肉體的記憶罷了。所謂的靈，是指具有知性的能量體、無形無姿的光束，諸如來不僅對此能夠在知識上理解，並且有著實際感受。

假如世上的靈能者，在靈魂脫體後前往八次元如來界，將會看到什麼情形呢？八次元諸如來為了讓此人能夠認識，他會以自己在生前的樣子出來迎接。如果如來拿咖啡或葡萄酒款待的話，這咖啡、葡萄酒定是散發著世間無可比擬的芳香極品。於是，這個從世間而來的靈能者回到了世間後，會將他在靈界的經歷做以下的描述：

「八次元如來界是極其美妙的世界。在那裡生活的如來們各個神采奕奕，街道是紅寶石鋪成的路，房屋的牆壁上鑲嵌著閃閃發光的鑽石，飲料散發著絕世芳香，大理石桌子光亮如鏡，建築物的支柱是水晶柱！」

歐洲近代著名的靈能者史威登堡（Swedenborg），亦曾有過類似的描述。然而，實際上他的靈性認識力尚且不足，如果再進一步凝視風景，就能發現用寶石裝飾的房屋和道路會逐漸消失，剩下的只有如來在面前微笑，若再用靈眼深入眺望，如來也會無影無蹤，最後只剩巨大的光團。換言之，這些寶石或鑽石，實際上是如來為了讓世人能夠理解，所以才將景象「翻譯」成三次元的方式。

總之，如來界的悟境，已經達到了無須以有形的實體來自我認識。如果住在世間之人獲得了如來之悟，也就應該能領悟到如來界的法則。

所謂如來界的法則，即「一即多、多即一」的法則。如來界中的「一」，會變成「十」、會變成「萬」，如來界的「千」亦會變成「一」。這不是客觀性的認識，而是絕對性的存在。換言之，那是在意識作用下的數字，如來知曉那數字予以統一的意識體才是實體。

如果用易於理解的說法來比喻，即為在需要一位如來擔負起十件工作時，這位如來即能夠化作十位如來去完成工作，有一萬件工作時便能夠顯化出一萬位如來。雖是一萬位如來，卻又同歸屬於一個有統一的意識體。

過去有位日本京都學派的代表，名為西田幾多郎（西元一八七〇年～一九四五年），他在研究哲學的結果中，似乎察覺到了這如來界的法則。當然，因為他原本就是如來界的居民，所以也可以說，他自身的潛在意識告訴了他有如此的世界。

即使是絕對矛盾，在八次元如來界也能做到自身同一，視覺上是零亂、矛盾的現象，能以直覺予以歸結為一，這即是如來的世界。可以說哲學家西田幾多郎，在生前似乎是獲得了這如來界之悟。

七、太陽界之悟

如來界之悟，是超越了人類肉體感覺的「一即多、多即一」之境地。在此階段上可以認識到，所謂的靈即是佛的分光，是無形的能量體和無姿的知性，而這個悟境幾乎已接近了世人所能悟得境地之極限。整個地球靈團的靈界人口雖有幾百億之多，但在八次元如來界的如來僅有五百名左右，這個事實說明了如來之悟是何等難得。

如來之悟，超越了善惡二元觀念，進入了止揚和統一的階段，所以只做單純的人生修行是不夠的，還必須具備清晰的理性和透澈的悟性，以理解恢宏的宇宙和普遍的法則。

以日本來說，八次元如來的降生中，除了神話之外，有大化革新的聖德太子、有平安時代的僧侶空海及近代的西田幾多郎等。除上述之外，尚還有數名。

在八次元五百多位如來之中，由下往上大致可分四個層次。最下層是在梵天界的上層階段，約有四十位左右的如來，其上是亞神靈界，約有一百二十位如來，隨之是光神靈界，約有二百八十位如來。八次元如來界的最上層即狹義的太陽界，廣義的太陽界則包括了跨入九次元宇宙界的部分。狹義太陽界位於九次元和八次元之間，約有二十位左右的大如來。

太陽界的大如來是些怎樣的存在呢？如日本神道的：天御中主神（注12）。基督教系的聖・奧古斯丁（St. Augustine）、托馬斯・阿奎那（Thomas Aquinas）。道教的老子，墨教的墨子。希臘哲學家蘇格拉底（Socrates）、柏拉圖（Plato）。佛教系的阿閦如來、藥師如來等，均是太陽界的居民。而回教的穆罕默德（Muhammad）在太陽界下方的光神靈界。

那麼太陽界共通的「太陽界之悟」是什麼呢？總結來說，「太陽界之悟」已不屬於人間覺悟所能及了，它已不是透過個人努力就能到達的境地，而是被賜予的神格。太陽界之上的悟境，已不是在人間的修行中所獲得的悟境，而是已成為大靈的一份子，這些大靈一般為各宗教的根本神。

之所以說這些大靈的悟境已不是人類之悟，根據在於他們直接參與了地球人類的進化計畫，並且在幫助九次元宇宙大靈的同時，為了使地球上的文明繁盛、宗教革新，興起新時代的風潮，而具體地計畫並執行的人，主要就是這些太陽界的諸靈。

八、釋迦的覺悟之一：大悟

在講述九次元宇宙之覺悟前，首先來談一談於兩千多年前誕生在印度的喬答摩・悉達多（釋尊）的大悟內容。

釋迦在二十九歲出家，經過了六年的苦行之後，捨棄了這種苦行想法。當他三十五歲時，於菩提樹下獲得大悟。他在菩提樹下禪定一個星期後的某個夜晚，深夜一時許，進入了非常深的禪定狀態。那時，釋迦覺悟到的內容如下：

「我長年極度不食不飲，為了讓自己的肉體在承受痛苦極限後，能夠獲得精神上飛躍性的覺悟而苦行。

捨下了妻子耶輸陀羅和親生兒子羅睺羅，違背父王首圖陀那對我的期待，離開了迦毗羅衛城，至今已過了六年的歲月。當年，身為迦毗羅衛王子的我，身體健壯、文武雙全，如今卻是一副皮包骨、氣息奄奄的樣子。

如果使肉體痛苦就是人生修行的話，人的靈魂宿於肉體、轉生到世間本身不就是個錯誤嗎？如果否定自身的肉體是本佛（注13）的心願，豈不是說自殺者即是最高的覺者了嗎？

然而，自殺的後果為何？大宇宙的法則本在因果的連鎖之中，播惡種必得惡果。自殺會播下新的苦因，其結果必是靈界地獄之苦，折磨自身肉體的苦行不就等於是在慢性自殺嗎？

如果佛境是安然的境地，苦行中又何以求安然。苦行中沒有醒悟的起因，我從六年苦行中得到的盡是讓人冷眼相視的醜態。從苦行中只會獲得冷酷的結果，從他人投來的眼光中感受不到半點愛意和慈悲。

若自身沒有安然的心、沒有幸福感的話，又怎能給予他人真正的體諒和關懷呢？

但是，真正的內在幸福感是什麼？當年的迦毗羅衛王子可以得到眾人的吹捧，有金錢和美女，物質上要什麼就有什麼，但我的內心可曾感受過真正的幸福感呢？

我對在百無聊賴的精神狀態下生活感到倦怠，內心饑渴！難以叵測的人心，時常讓我的內心糾葛、動盪不定。時間流逝，那王位自然屬於我，但如果做了國王，不就是要率領迦毗羅衛的人們去與鄰國爭戰嗎？其結果必是眾人流血。

即便追求世間的地位、名譽，但最終僅是虛幻的。迦毗羅衛奢侈和安逸的生活，對我來說並非是幸福的日子，有的只是精神貧乏、不安和焦躁。在停滯和惰性中，不存在著人的幸福。人的幸福，存在於每日精神上的進步，而不是世間的出人頭地。唯有與本佛心相合相應，使自身的靈性和佛性提高，才能真正體會到做為本佛之子的幸福。

因此，本佛之子的真正覺悟、真正幸福，不在富麗堂皇的王宮生活中，亦不在極端的肉體苦行中。在肉體的極度享樂和極度痛苦中，絕不可能獲得真正的覺悟，也與真正的幸福和安然的心無緣。

人真正的生活方式是捨棄左右兩個極端，在中道當中追求真理。唯有在協調的生活中，才會出現這條中道，才能夠展現出超脫苦樂的大和諧境界。

人類真正嚮往的生活就是這種大和諧的境地。如果所有人都能夠放棄苦樂兩極端、步入中道，正確地觀察、正確地思維、正確地表達、正確地行為、正確地生活、正確地精進、正確地持念、正確地入定，實踐這八正道，就能夠締造出真正的心之王國、佛之國土。

人真正的幸福在日常的精神喜悅之中，在持續的精神提升之中，在深入探究八正道之路上，幸福感將日益提升。」

九、釋迦的覺悟之一：入寂

以上我向各位講述了釋迦三十五歲大悟時的心境。我在寫釋迦兩千五百年前大悟的內容時如筆下生風，當時的場景如實地展現在我的眼前，如果將釋迦悟得的全部內容敘述出來，至少還需要一卷書的容量。

因此，暫且略過釋迦四十五年間的教誨，僅就他八十歲入寂之際的悟境，借用文字的形式來表述他的心聲。

拘尸那迦的一棵沙羅雙樹下，釋迦側身而臥，右手做枕，左手抵按著腹部患處，就在他逐漸進入涅盤時，思考了如下內容：

「自從我三十五歲大悟以來，四十五年間探索了何謂善，講述了何謂正理。如今，我終於也快要離開肉體了。我那衰老的肉體啊！諸事無常，我不會對這肉體有絲毫眷戀。四十幾年間，我向人們講述佛道，提示了人生的應有之道，這個法才是我的真正身體。

我的弟子們啊！多年來你們辛苦了！你們無論是在我的身旁照料，或是弘法都很出色。你們的努力，使釋迦教團有了發展，成為有出家弟子逾五千的大教團，此外，在印度信奉我教義的不知還有幾十萬人，那都是因為你們不畏法難，降伏法敵，傳播佛法真理之故。沒有你們，這個法無法如此弘揚，你們日後也要勤勉努力。

先逝去的弟子舍利弗（Saripultra）啊！此刻我也將返回靈界，可以與你久別重逢，再敘長短了。你是優秀的弟子，人稱「智慧第一」，名不虛傳。你在我說法時善於提問，讓我很容易說法。雖有時提出愚蠢的問題，令我苦笑，但你的提問，讓那些沒有勇氣直接向我提問的眾生，得到了很大的幫助。

大目連（Mahamaudgalyayana）啊！「神通第一」的你，在遭到了邪教徒襲擊身亡時，我雖知這對你來說是忍辱修行，但仍不禁淚落衣襟，好像你已乘著光雲在迎接著我。

摩訶迦旃延（Mahakatyayana）啊！「議論第一」的你，能把我說的法做簡明的講解。預計在我死後，你將到偏遠之地繼續傳播法種，你可以阿盤提國為中心在西印度傳道。

須菩提（Subhuti）啊！不愧是「解空第一」，你對物質無執著，深刻地領悟了我講解的「無我」和「空」的教義，今後也要孜孜不倦地精進。

阿那律（Aniruddha）啊！你曾在我說法時打瞌睡，受到我嚴厲的訓斥，你竟徹夜打坐不寐，竟得雙目失明，有幸你睜開了靈眼，人稱「天眼第一」。你曾是那樣的年輕、純真，如今已添白髮了啊！

富樓那彌多羅尼子（Purnamaitrayaniputra）啊！你是出身釋迦族的秀才，人稱「說法第一」。你日後會與去西方傳道的另一位富樓那，成為好的競爭夥伴。

摩訶迦葉（Mahakasyapa）啊！雖然你現在正急忙地趕過來，但我們已見不上面了，你應在一週後才會抵達。阿難（Ananda）因大意使我誤食了毒蘑菇，因而縮短了我的壽命，你在激怒之下欲將他逐出師門，最後會放聲大哭吧！雖然人稱你是「頭陀第一」（修行第一之意），重視具體的修行方法，但在我死後還是放棄一些拘泥小節的戒律為好。

優波離（Upali）啊！「持律第一」的你，辦事周到、妥當。即便你是貧民出身，但你躋身貴族之中精進勤奮，足得我的誇獎。

羅睺羅（Rahula）啊！你雖是我的親生兒子，但能默默無聞地跟隨舍利弗勤勉修行，故稱「密行第一」。雖然有人把你看成是我的後繼者，但你去世得早。身為父親的我沒能為你做些什麼，你在靈界的生活是否幸福？

耆婆（Jivaka）啊！你雖是天下名醫，曾數度治癒我的疾病，但現在已無可奈何。諸行無常，一切都像阻擋不住的川流一樣，我在世間的生命也不會再延長了。

啊！想到心愛的諸弟子們，我對死後的事情還有些憂慮。弟子們啊！要好生記得，我的生命雖離開世間，但我留下的教義將流傳數千年，成為人心的食糧。

緣生弟子們啊！牢記我最後的話吧！我的生命如一輪滿月，雖然有時雲霧遮月，但皎潔的明月在雲層之上依然閃耀著光輝。就像這樣，生命永遠閃耀，無終了的一天。

從今爾後，你們要把我四十五年間的教義當做心的食糧。不等他人來照亮，而應該自己點燃自己的心燈，照亮前程。點燃自己心中的法燈，好好的生活下去。

我長年對你們訴說的教義，是為打造自己的教義，同時也是拯救他人的教義。

不要忘記『自燈明』一詞，把法做為生活的依據。弟子們啊！這是我最後的話語：『諸事萬象終將逝去，要不倦怠地完成修行啊！』」

以上是釋迦入寂之際心中的思緒。釋迦入寂時雖然沒有開口說話，但已敞開心窗的弟子們運用靈性能力聆聽到了釋迦的心聲。《涅盤經》中，對其內容有一部分的記載。

十、九次元的覺悟

釋迦的覺悟，超越了耶穌・基督的悟境，是人類最高的覺悟，但很遺憾地，即便是花了四十五的時間，釋迦並未將悟得的大宇宙之悟，完整地講述給弟子們。雖說他們是佛弟子，卻幾乎無人獲得如來之悟，可以說要理解大宇宙的創造、大宇宙的次元構成是不容易的。

再者，當時印度的時代背景是戰亂，即便釋迦講述的是超越時代的教義，也無法拯救人們的心。因此，釋迦主要將教義的中心放在講述八正道，試圖引導人們走向阿羅漢的境地。

九次元宇宙的覺悟，必須具備以下三項條件：

1. 領悟了對任何人皆能對機說法的縱橫無盡之法。
2. 領悟了創世記，即領悟宇宙形成和地球歷史。
3. 領悟了四次元以上的多次元世界法則。

第一項的對機說法，釋迦已運用自如。第二項的創世紀之悟，釋迦在菩提樹下開悟，釋迦在自己的靈體與大宇宙合為一體的神秘體驗中，獲得了大悟。第三項宇宙的理法、實在界的法則之悟，對此釋迦透過因果法則、業的法則做了闡述。

當然，九次元的覺悟具備了六大神通之各項最高能力，可以透視三世，但釋迦預先察覺到，求悟者容易陷入信仰超能力的危險，為了防備這種妄信，釋迦很少使用讀心力之外的靈能力。

有關具備九次元覺悟的十位光明大指導靈，我已在第一章中做過簡述，十位光明大指導靈目前的職責（一九九四年的時間點）如下：

【表側】

1. 釋迦（愛爾康大靈）：創造新世紀和構築新文明，地球靈團的最高大靈。
2. 耶穌・基督（阿莫爾）：決定天上界的指導方針。
3. 孔子（塞拉賓）：制定地球靈團進化的方案，與其他星團的交流。
4. 摩奴：民族問題。
5. 彌勒：佛光的光譜化。

6. 牛頓：科學技術。

7. 宙斯：音樂、美術、文學等藝術。

8. 瑣羅亞斯德：道德的完成。

【裏側】

9. 摩西（摩利亞）：消滅地獄的陣前指揮、創造奇蹟現象。

10. 恩利勒：魔法界（阿拉伯）、瑜伽界（印度）、仙人界（中國）、仙人、天狗界（日本）的指導者（懲罰之神系統）。

現在，在九次元當中，因為目前愛爾康大靈本體降生人間，所以由耶穌・基督做為代理，負責決定天上界的指導方針，耶穌・基督之靈也將在四百年後再次降臨人間。屆時，現在的百慕達海域的海底再次隆起新大陸，形成包括加拿大在內的新亞特蘭提斯大陸。而現在的北美大陸的南半部，屆時也將沉沒於海中。耶穌的再誕之地，預計就是這個新的亞特蘭提斯大陸，他將以宇宙時代的愛和正義原理為基礎傳播真理。

本章講了九次元覺悟境界，在此之上當然還有十次元之悟，但在十次元意識是大日意識、月意識和地球意識的三體行星意識，從經歷肉體轉生的靈魂悟境來說，十次元之悟並非屬於範疇之內。簡而言之，十次元大宇宙之悟已拂拭了人間的要素，十次元的存在，僅是帶有目的意識的巨大光團。

注釋

注11：漏盡：「漏」是指煩惱，分「有漏」（指內心殘存污垢的狀態）和「無漏」（指內心消除了所有污垢的狀態）等二種狀況。「漏盡通力」的意思應理解為滅盡煩惱的能力，滅盡煩惱需要每日反省，與其說使用靈能力，不如說是一種高度的智慧力量。此外，「漏盡通力」也有「在擁有高度靈能力的同時，又過著與普通人一樣的生活」的含義。

注12：天御中主神：在日本《古事記》神話中，是統括諸神靈世界的宇宙最高神、根本神，但以我對靈界探究的結果，在距今三千年前，這位神靈曾在日本九州降生，是靈界高天原之存在。這位曾經做為天皇家族祖先的神靈，是日本神道系諸神靈之長。

藉由，稗田阿禮運用靈能力，太安麻呂的筆錄，於西元八世紀初共同創作了《古事記》。雖然以《古事記》的記述來看，很難解釋清楚天地創造及宇宙根本神的真相，但根據《古事記》和《日本書記》的記載，可以推斷曾經在日本持肉體降生的偉大人物的傳承。譬如，天照大神，並非抽象的太陽神，而是以高貴身分降生於古代日本的女性。回到天上界後，在日本神道系成為高靈格的女性指導靈。

注13：本佛指九次元的愛爾康大靈，在此是指釋迦牟尼佛的魂父。

第五章

黃金時代

一、新人類出現的徵兆

二十世紀已經接近尾聲，廿一世紀即將來臨，在即將到來的新世紀，將會湧現出什麼樣的人物？人們又將面臨怎樣的時代呢？許多人對這個新世紀的到來既期待又不安。

然而，新時代、新人類出現的徵兆已存在當今社會之中。現今正處於動盪的時期，在這樣的時期，許多舊事將衰退、消逝，新的事物將蓬勃興起，這就意味著新時代之芽正在萌發，把它傳達給現代人是同時代預言者的使命。

人類在一萬年前亞特蘭提斯大陸沉沒時，目睹了舊文明的消亡，一個消亡即意味著另一個新文明開始，新文明終於以埃及為中心，逐漸向世界展開。迄今，這個文明已大約持續了一萬年左右，但將在本世紀末姑且畫下休止符。

在近一萬年間，這個始於埃及的文明，向波斯、猶太、中國、歐洲、美國以及日本等國和地區展開。此次的文明，表現出強烈的「知性」特色，力求透過知性去理解世界，是此次文明的傾向。

在這之前的亞特蘭提斯大陸文明，主要是以「理性」為中心的文明。九次元宇宙界的彌勒如來以及庫德・佛米（Koot Hoomi，阿基米德、牛頓的轉生靈體）曾在那個時代降生，並有顯赫的成就。

從亞特蘭提斯時代繼續往前追溯到一萬五千年前，在太平洋海面上曾有一個名叫「穆」（Mu）的大陸，造就了獨特色彩的文明。這個穆文明的特色，即是光能量文明，穆人在關於光能量科學和宗教研究上十分先進，每個人皆以探索如何增強自身光能為修行的主題。

繼續往前看，在距今兩萬七千年前，印度洋上曾有一個名叫拉母迪雅(Lamudia)的大陸，在這個時代生活的人，以「感性」為中心進行價值判斷。在穆文明的時候，愛爾康大靈（釋迦）的力量產生了巨大影響，而在拉姆迪雅的時代，給予影響的是摩奴和宙斯。此時，人們打造了以「感性」為中心的文明。

這個時代的人們，以磨練感性當做修行，達到最高修行程度的人，可以鑑別三千種顏色和兩千五百種氣味的差異。

在十五萬三千年前的遠古時期，即在拉母迪雅文明之前，有個名叫謬托蘭（Myutram）的大陸，也曾有過繁榮昌盛的謬托蘭文明。那時的地球軸心位置與現今極不相同，現今的南極，在過去是溫帶地區，過去那個變形的南極大陸，即是謬托蘭大陸。謬托蘭大陸並不像穆大陸或拉母迪雅大陸那樣沉沒入海，而是在大約十五萬年前，地軸發生了變動，使氣候溫暖的謬托蘭變成了寒帶。地表被冰雪覆蓋，此一驟變使那裡的人和生物幾乎絕跡，這即是現今傳說中的冰河時期。所以在現今南極大陸的冰層下方，埋藏著許多古代文明的遺產。

在謬托蘭大陸之前，尚有個名叫加納（Garna）的大陸，距今七十三萬五千年前，過去它是現今非洲大陸和南美洲大陸連接起來的巨型大陸。加納文明是以「超能力」為中心的文明。然而，因為遭逢突如其來的地殼變動，使加納大陸斷裂成了兩個大陸，各自朝向不同的方向移動。這震度十級左右的強烈地震，使加納文明徹底崩潰。

我現在所說的，絕非是科幻小說，而是過去在地球上發生的史實。這些敘述，應該能成為思索現代以及未來文明的參考。

二、加納文明

在四億年的人類歷史長河中，曾有無數的文明沉浮，當代人不需要去聽人類史上所有文明的陳述，需要的是一些對於設計現代和未來有所幫助的史料。於是，這就需要對歷史驗證，從昔日的文明中截取值得參考的材料。我想把這個範圍放在整個人類歷史中最近的百萬年之內，一邊參閱實在界的「阿卡莎夏紀錄」（Akashic Records），一邊向讀者敘述。

首先從加納文明談起，距今九十六萬二千年前，海底火山爆發使海底隆起並露出海面，形成了加納大陸，其地理位置是在現今非洲大陸和南美洲大陸的中間海域部分。到了七十三萬五千年前，忽然發生了前所未聞的大陸板塊斷裂、移動現象，使整個大陸斷成兩塊。

在這個大陸上一共興起過四個文明，在此只講述其中最後一個文明過程，即加納文明。加納文明從七十六萬年前起到大陸消失，在大約兩萬五千年之間，建立了以「超能力」為中心的文明。

那時的人類身材相當高大，男子平均身高兩百一十公分，女子的平均身高也有一百八十公分。很有趣的是，那個時代的男性有第三隻眼，位置就在眉心上方約兩公分的前額中心，那是一個像綠寶石一樣的圓眼睛。這第三隻眼睛通常都閉著，只有在需要發揮超能力時才睜開，但女子卻沒有這樣的第三隻眼，所以很畏懼男子這隻眼睛的威力，因而變成了隸屬於男人的地位。

加納文明末期曾流傳著這樣的神話：「神平等創造了男人和女人。男人為了護身保家而被賦予了第三隻眼睛，女人為使家族繁榮而被賦予了子宮。」當時女人的子宮，被認為是具有超能力的器官，女人能透過子宮與靈界交流訊息。如果是準備做母親的人，可以事先與有可能成為孩子的靈，在轉生前做充分的交談，當兩者心投意合之後再懷胎，所以當時並沒有像現在的人工流產等事件。

那時，大陸上曾有八個民族互相爭雄，不息的戰亂使人們必須時常戒備和抵禦外敵，這第三隻眼就成了一種自衛武器。此外，不同民族的第三隻眼之顏色也不一樣，有黃、綠、紫、黑、灰、茶等顏色，各民族在超能力的發揮程度上也有些差異。

第三隻眼的力量是一種物理性能力，以現代來說即是超能力、念力。但有些民族不是使用這種念力，而是用在預知的能力上，透過預知日後的吉凶來保衛家族，防患外敵於未然。

很遺憾，加納時代的真理中沒有包括對「心」之領域的教義，只是注重如何發揮超能力，把修練超能力做為具體的修行方法。因此，在加納大陸消失之後，那些專修超能力的人大都回到靈界裏側的仙人、天狗和魔法界（西洋的仙人界）去了，使這部分的靈域有所擴大。

在加納文明之後，再也沒有出現過有三隻眼睛的人類了。然而，瑜伽當中所說眉間部分「脈輪」，即是指第三隻眼的痕跡。

三、謬托蘭文明

以超能力為中心的加納文明，終於在前所未聞的大陸板塊斷裂中消失。

大陸斷裂是發生在七十三萬五千年前某個深秋的傍晚，忽然從大地深處傳來駭人的轟鳴，緊接著，象徵加納文明的埃卡拿城(Ecarna)的中心，開始出現南北走向的龜裂，隨後在短時間內即形成了南北延伸有百公里長的大斷層。不久海水便灌入了斷層的縫隙，這是整個大陸斷裂的前兆。三天後，震度十級左右的垂直型強烈地震，揭開了大陸斷裂的第二幕，僅在這一天之內，埃卡拿的城民就大約有三十萬人死亡。

這個斷層繼續向南北加速延伸，幾千公里的斷層把加納大陸逐漸分開，後來又經過了幾萬年的變遷，形成了今天的非洲和南美洲大陸。

在加納大陸的東南方，曾有個名叫埃米魯南（Emilna）的城市，其居民主要是埃米魯南族。由於這個部族的人具有發達的預知能力，所以有一部分人在察覺到了危險的情況後，從海路逃到了南方無人的新大陸，這是挪亞方舟的原型之一。此後，這些逃生者因失去了重要的文明工具和優秀的人才，逐漸變成了以單純農耕為主的民族，隨著歲月的流逝，他們的第三隻眼也逐步退化了。

之後，在這塊新大陸上興起很多文明，其中最繁榮的是，約從三十萬年到十五萬三千年前為止的謬托蘭文明，因而此陸塊被稱為謬托蘭大陸。其實，謬托蘭大陸百分之八十的面積與現今的南極大陸重疊，然而，那時地球的地軸方向與現在大不相同，當時謬托蘭大陸是個氣候溫暖的地區，與現今南極大陸大為不同。在這片大陸上，盛產類似小麥的穀物，人們建立起以農耕為核心的文明。

在謬托蘭文明中，最發達的文明是飲食生活的文明。當時的人對飲食做了徹底的研究，把最有益於健康的食物、配料和食用方法分門別類，探索飲食生活與精神生活的關係。例如：吃什麼植物能使人氣質和藹、吃什麼魚能增強人體的肌肉爆發力、把某種乳品分幾次食用、食用量多少可以延長壽命、喝什麼酒能增進腦細胞的活化等。

他們在這方面做了許多研究，同時還在各飲食生活文化部門設置了各種學位，例如：長壽博士、耐力博士、記憶力增強博士等。其考試制度與現在不同，人們從小就把博士學位做為學習奮鬥的目標。

謬托蘭文明留下了大量關於飲食生活，以及人類氣質方面的研究成果。在此方面與以前好戰、重視靈能的加納文明相比，謬托蘭文明顯得較和平，但由於輕視靈性認識，使人間社會出現了最早的唯物思想。探討飲食生活與人體的關係雖重要，但他們過於專心在飲食生活方面研究，反而忽視了做人的根本使命，忘記了探索靈魂和靈魂修行。

在當代人當中，對健康飲食、美容飲食方面特別注意的人，或許曾在謬托蘭文明時代有多次轉生經歷，並曾經勤奮於研究飲食生活。

謬托蘭最昌盛的時期，是距今約十六萬年。當時九次元大靈摩利亞（Moria）降生世間，當時名叫埃謬拉（Emula）。在埃謬拉大師所提倡的「重視精神生活」的口號下，掀起了一場浩大的精神革命。

後來埃謬拉大師，被嫁禍一項嘲弄謬托蘭重要傳統的罪名，而受到了迫害。他的這場精神革命雖以失敗告終，卻為人心注入了「在飲食之外的領域，還有其他事物更能夠影響人性」的理念，這在某種意義上來說，是與唯物思想鬥爭的現代宗教雛形。

十五萬三千年前，突如其來的地軸變化，使謬托蘭大陸變成了寒帶，這就是冰河期的開始。

四、拉姆迪雅文明

地軸的方向改變，宣告了謬托蘭文明末日的到來。十五萬三千年前的某個傍晚，人們察覺到整個天空變得赤紅，對此一現象疑惑不已，然而卻沒有一個有學識的人能解釋這個現象。

當天夜晚十點左右，人們看到天空所有的星星，向同一方向滑落。人們發現到那不是流星，而是地球在搖動。地球就像一個皮球落水後，跳出水面旋轉一樣，突然改變了地軸的方向。

因地軸變化而產生的影響，在過了幾個月後便明顯起來，溫暖的謬托蘭竟連降大雪，封凍了整個大陸，這對以農耕為主的謬托蘭文明，是個致命的打擊。隨後發生了饑荒，雖然有些人挖了地下城鎮以維持生命，也只持續了二、三年的時間，再加上恰逢雨季，雨變成了雪，連日大雪在兩星期內形成了超過五公尺厚的積雪，變成了一片白茫茫的世界。

謬托蘭的首府羅謬托（La Myute）在這場災難中傾城覆滅，只有少數人及時乘船逃離，謬托蘭文明的一部分便延續到下一個大陸。

那時印度洋上還沒有遼闊的大陸，只有約現在日本列島面積兩倍左右的陸地，數千個謬托蘭人逃到了這個島上之後，便在島上定居、繁衍子孫。

然而，到了八萬六千年前，這個不大的島嶼突然開始隆起，很快就形成了印度洋上的一個新大陸。不到一年的時間，巨大的拉姆迪雅大陸顯現出全貌。這片大陸，東西有三千五百公里長，南北有四千七百公里長，其面積之遼闊是前所未有的。在這個菱形大陸上，很快就草木繁茂、土壤肥沃了。

距今，四萬四千年前，這片土地上誕生了一位多才多藝的人，他便是在後世轉生希臘的宙斯，當時名為艾勒麻利雅（Elemaria），他在文學、美術和音樂等方面才華出眾，在藝術上是個萬能的天才。

大聖艾勒麻利雅透過藝術，讓人們體會到生活的喜悅和神的榮光。在後來的拉姆迪雅文明中，音樂、繪畫、文學、詩、建築和雕刻等方面閃耀著光輝。現今有藝術才華的人，多半是有過拉姆迪雅經歷的人。

繼大聖艾勒麻利雅之後，帶給拉姆迪雅巨大光明的是九次元大靈摩奴。摩奴在兩萬九千年前降生拉姆迪雅，名叫瑪爾古利特（Margarit），人們尊稱他是瑪爾古利特大師。這名字有競爭者之意，其名有兩層含義，一是與被尊崇為全能之神的大聖艾勒麻利雅誓比高低，二是讓各部族在藝術方面一較長短。

瑪爾古利特大師首次在藝術界導入了競爭的原理，他按照音樂、繪畫、文學、建築、加工技術等五個分野區分了部族，讓人們能夠追求各自最高藝術的境界。每隔三年舉行一次藝術競技會，選出最優秀的部族，並讓這個部族做為統治階級，治理國家三年。

雖說僅限於藝術領域之內，但從公平競爭、勝者為尊的意義上來講，是當代民主主義的先驅。而且，當然瑪爾古利特大師教導人們，神明存在於極致的藝術當中，可以說在某種意義上，體現了政教合一的理想。

拉姆迪雅文明在兩萬七千年前，突然從印度洋消失了，這個殘酷的事實，發生於某個炎熱夏日的午後，當時人們正陶醉於音樂之中。

五、穆文明

拉姆迪雅文明幾乎是在瞬間就覆滅了，這些酷愛藝術的人們，每天下午都要用近兩個小時的時間來欣賞音樂。那天，人們正陶醉在音樂的高潮中，大地突然發生了劇烈的晃動，大廳的吊燈大幅度搖擺著，門窗玻璃破碎落地，大音樂廳一下子就傾倒崩塌，大陸的東部開始沉向海中。

下午四時許，海面上的大陸便只剩下一半。到了翌日早上七點，便已是一幅旭日映照著碧海的景象了，陸地無蹤無影，印度洋的波浪拍打著漂浮的屍骸和雜物。這個打擊使拉姆迪雅兩百五十萬居民，無論善惡，均無一倖存。

雖然如此，其文明還是延續了下去，因為拉姆迪雅曾有個名叫摩亞（Moa）的殖民地大陸，後來更名為穆。

穆大陸位於太平洋上，它早在三十七萬年前便從海底隆起形成，因此實際上比拉姆迪雅大陸還要古老，這塊大陸的形狀隨著時間的推移，發生了許多變化，在拉姆迪雅文明末期，穆大陸以現今印尼為中心的區域，形成了約為澳洲面積兩倍的大陸。

穆大陸從幾十萬年前便有了人煙，但其程度較低。在經濟生活上，北部的人以漁業為中心，南部的人以狩獵為主，中西部的人則以農牧業為生計。

拉姆迪雅在文明高度繁榮時入侵了穆大陸，距今兩萬八千年前左右，拉姆迪雅人用龐大的帆船軍團侵襲穆大陸，推行移民政策。那時，還把一部分穆人當做奴隸，運送到拉姆迪雅，讓他們做單純性的生產勞動，而自己卻沉醉於學藝。這種意念形成了十分不和諧的龐大烏雲，進而引發了巨大的反作用力，導致大陸在一瞬間沉沒海中。

雖然穆大陸被當作殖民都市，但拉姆迪雅的文化亦滲透於其中；雖然拉姆迪雅文明滅亡了，但在穆大陸當中能看到文明的萌芽。

距今大約兩萬年前，在穆大陸的土地上，瑣羅亞斯德的前身誕生了，名叫艾斯卡連（Escallent）。現代英語當中的Excellent，與艾斯卡連的人名有其淵源，皆是「優秀」之意。這位大聖艾斯卡連，很重視太陽的光能科學，他對太陽光能做出了兩種解釋。第一，光即神的榮光的表現，光是「神聖的存在」。第二，光是「有益的存在」。

由於把光看成神聖的存在，所以人們在陽光、月光或燈光等光源的面前，時常合掌或跪下行禮。這種禮儀後來成為東洋文化的源流，也形成了人們行禮的習慣。

而光是「有益的存在」指的又是什麼意思呢？艾斯卡連接受來自天上界庫德・佛米也就是後來轉生為阿基米德以及牛頓的指導，和恩利勒的科學思想指導，在增強光能上發揮了力量。

那時，人們使用巨大的太陽光能增強裝置來發電，做為室內照明、船隻動力，以及各種生活動力的能源。換言之，從那個時候開始，人類便做好揭開科學時代序幕的準備。

當時在城市的中心，豎立著邊長三十公尺的正三角形銀色金字塔，在此吸收並增強的太陽能，被傳送到豎立於各街道中心邊長十公尺的金字塔去，之後再傳送到各家各戶屋頂上，邊長一公尺的小金字塔裡。

這個金字塔能量，傳承至之後的亞特蘭提斯，這個巨大的太陽光能增強裝置，與現在所說的金字塔在結構上很相似。

六、拉・穆的時代

穆大陸進入最昌盛時期，時為拉・穆的時代，也就是距今約一萬七千年前。那時，穆大陸進入了太陽信仰和太陽科學萬能的時代。拉・穆誕生在這樣的時代中，他是釋迦的前世。拉・穆的意思是「穆的光明大王」，在拉・穆生活的時期，穆大陸形成了一個巨大帝國。在這時以「摩亞」為名的大陸，更名為「穆」，稱為穆大陸和穆文明。

拉・穆喜於穆大陸的科學文明非常地發達，他認為，當下是在世間建立神之國度的難得機會，機不可失，時不再來。拉・穆具有巨大的靈能力，可以自由自在地與高級靈界交流，當時從天上界守護著拉・穆的是九次元的阿莫爾，亦就是轉生於後世的耶穌・基督。

拉・穆宣揚的教義核心主要有三點：第一，所有人都要醒悟神是像太陽一樣地存在。神就像太陽充滿光明，並且是神賜予了世間光明。第二，所有的穆人的心中，皆要充滿著太陽般的愛和慈悲。愛和慈悲的本質在於，自己是否亦讓他人內心充滿光明。第三，所有的穆人，要以積極向上做為人生目標。這不僅適用在學藝、習武，更重要的是提升靈性。這三點構成了拉・穆教義的基礎。

如果人們能夠明白拉・穆的靈魂，就是在一萬四千年之後轉生在印度的釋尊，就能察覺佛教教義早在拉・穆時代便已萌芽。

一萬七千年前的拉・穆教義，宣告了正統宗教的開始，當時的宗教與政治並未分離，最崇高的宗教即是最崇高的政治，最優秀的宗教家即是最高明的政治家。若能仔細思考，便一定能夠理解，既然人是由神所化分出來的，所以統治人間社會的人，當然就應該要是最接近神的人。換言之，大宗教家承擔了這樣的職責，是理所應當的。

拉・穆每晚都虔誠地跪在神殿，在心中與諸高級靈交談，並傾聽諸靈對於國政的基本方針，這正是政治的原點。所謂的政治，是一種治理人間社會的技術，如果為政者失策，其後果不是個人的問題，而是左右全體國民生死、導致所有國民的靈魂墮落之事。如果只是單純依靠自己的判斷來決定重大的國事，從某種角度來說，是一種極度的傲慢。在神的面前謙虛靜心，虛心聆聽神的聲音，傾耳聆聽神的話題，這才是政治的原點。

然而在拉・穆死去之後，他的偉大教義逐漸形骸化，使全盛的穆大陸暗淡下來。世間開始出現了否定覺悟力量的傾向，進而出現了一些奇怪的動物靈信仰和邪教。這些惡性靈能力信仰，嘲笑「愛與慈悲」的教義，漸漸地這種意念的烏雲覆蓋了整個大陸。

距今約一萬五千三百年前，經過了三個階段的陸地下沉，穆大陸整個沉入了太平洋。以拉・穆名字命名的巨大近代都市，也隨之沉沒於太平洋中。

然而，有一部分穆人乘船北渡逃生，成了現今越南、日本和中國人的源流。還有一些人繼續東渡太平洋，到了南美安地斯山定居，另有一些人逃向了大西洋，前往大西洋上的亞特蘭提斯大陸尋求新天地。

七、亞特蘭提斯文明

亞特蘭提斯文明是現代文明的前身，當時的亞特蘭提斯大陸，位於現今大西洋百慕達海峽的中心位置。亞特蘭提斯大陸是在七萬五千年前，因為大西洋海底巨大的火山爆發，隆起差不多與現今英國面積同等大的大陸。從四萬兩千年前起，大陸上開始有人煙。在島上生活的人都是尚未開化的民族，這些人都是從附近島嶼移居來的。

大約在一萬六千年前，也就是穆大陸沉沒的數百年前，亞特蘭提斯這塊大陸上終於出現了文明的徵兆。此時，以阿基米德之名轉生於後世希臘的大科學家之魂，在這個時候以庫德・佛米之名轉生下來。他為以漁業、狩獵為主要生計的民族，點燃了初期文明的火花。庫德・佛米首先發現植物的生命中，蘊藏著神秘能量，為何一顆種子會發芽、生長、冒葉、開花？為何球根會長出莖芽？對此，他花了近二十年的時間研究。

從中，他終於發現了生命能量的本質，他提出：「生命本身即是個能量寶庫，在生命形狀變化時，會產生巨大的能量轉換。如果能將這個生命能量轉換時，所發出的能源提取出來，就能夠成為各種東西的原動力。」他接著又用了十年的時間做進一步研究，最後，終於成功地提取了生命能量轉換時所產生的能源，這成為了文明的驅動力。

自從庫德・佛米發現了這個原動力後，讓亞特蘭提斯出現了新的光明。這個生命能量轉換的能源，就如同現今的電力一樣被當時的人們使用，進而出現許多電器製品。譬如，每個家庭都在窗臺上，排放著許多裝著球根的燒瓶，並用特殊鎳鉻合金的絲線，將球根連接至特殊裝置，從中提取球根發芽的能量，隨後再將其能量放大，藉以確保家庭能源的供需。

在一萬五千三百年前，穆大陸沉沒之後，有些人逃到了亞特蘭提斯大陸，他們對亞特蘭提斯帶來很大的影響。這些人當中的科學家，將穆文明的金字塔能源技術，傳入了亞特蘭提斯。

這時，九次元大靈彌勒如來持肉身降生人間，名叫可佳努斯（Kuzanus）。聖可佳努斯把金字塔能源與太陽信仰相結合，講述了「理神論」信仰。他的思想理念是：「理性和科學思考要符合神心，同時，神心也會透過理性和科學來表現。」

其最具代表性的，即是對太陽光的論述。「理神論」的核心思想是：「太陽光不但在科學上可以透過金字塔來轉換能量，給予人類恩惠，而且在精神上也能夠引導人們領悟神心。」後來，金字塔能源還被使用在航空、航海等技術上。

距今大約一萬兩千年前，亞特蘭提斯文明在偉大導師、全智全能的主——托斯（Thoth）的領導下，進入了全盛時期。托斯是集宗教家、政治家、哲學家、科學家和藝術家於一身的超級天才，這位大指導者，帶動了亞特蘭提斯綜合文化的創造。他的科學見識極高，亞特蘭提斯終於出現了過去在穆大陸不曾有過的科學文明，譬如：空中飛船、潛水艇技術等，而這些都結合了金字塔能源技術。

空中飛船有著相當奇妙的鯨魚形狀，橫切面的直徑大約有四公尺，總長大約有三十公尺，船體的上半部裝滿瓦斯產生浮力作用，下半部則是人的活動空間，約可容納二十人左右。此外，在船體背部上方還安裝了三個像背鰭似的金字塔形銀色裝置，以此來轉換太陽能量，再將其傳送到後方螺旋槳部位。亞特蘭提斯的空中飛船，只在晴天飛行，客用飛船亦是雨天停飛。

潛水艇是用合金材料製造的，寬四公尺、長二十公尺，外形上類似逆戟鯨的形狀。逆戟鯨是亞特蘭提斯的象徵。傳說亞特蘭提斯的名字，取名自一位叫阿托拉斯（Atlas）的國王，其實這個名字也有「輝煌的金色逆戟鯨」之意。潛水艇上裝載著三個金字塔，遠遠望去彷彿像是背鰭一般，浮出海面吸收太陽能後，又潛入海中。亞特蘭提斯從此進入了科學萬能的時代。

八、阿伽沙的時代

亞特蘭提斯在大導師托斯之後，進入了科學萬能的時代，但由於後人不能真正繼承托斯的「萬能」思想，導致片面強調科學重要性的思想抬頭。社會上出現了「科學萬能的思想未必符合神心」、「神心究竟在何方」等疑問，同時，大大小小的宗教改革家紛紛出現，對於人應該有何種樣子進行遊說。這種百家爭鳴的時期，持續了近千年之久。

亞特蘭提斯正是從這個時候開始下沉，時當一萬一千多年前。一開始，是東邊三分之一的大陸沉沒至海底。到了一萬七百年前，西邊三分之一的陸地也沉沒了，於是，亞特蘭提斯大陸只剩下中央三分之一的陸地。雖是如此，人們還是在此建立了海洋帝國。

距今一萬四百多年前，也就是西元前八千四百多年前，這片土地有位名叫阿伽沙（Agasha）的人，在亞特蘭提斯的首都朋提斯（Pontis）誕生了，朋提斯是個大約有七十萬人口的城市，艾曼達（Amanda）王族歷代居住在這裡。

阿伽沙是艾曼達族的王子，他的幼名叫阿蒙（Amon）。阿蒙在二十四歲時繼承了王位，更名阿伽沙，其意是「蘊藏睿智的人」。這位阿伽沙大王，即是後來轉生至以色列的耶穌・基督。

阿伽沙大王和拉・穆一樣，集政治家和宗教家於一身。他在宮內建立了一座高三十公尺、且金壁輝煌的金字塔形神殿，阿伽沙大王在神殿裡舉行各種祭神聖典。阿伽沙的政治特徵是每月一次在能容納十萬人以上的大廣場上，召集市民講述法理。在當時就已經有類似現代的無線麥克風。

阿伽沙的後世轉生是耶穌・基督，他的教義當然是以「愛」為核心思想，他每次講演的內容雖有不同，但其基本教義可以歸納出下四點：

1. 神的本質是愛，我們每個人皆是神子，其證明在於我們心中皆有愛。
2. 愛的具體表現方法是，首先要愛神，其次是去愛做為神的分身的鄰人，最後是去愛做為神的僕人的自己。

3. 每天獨自做一次靜心祈禱，與自己的守護靈、指導靈交流。

4. 人是否偉大，不是取決於他施予了多少的愛，而在於施愛的品質，所以必須在提高愛的品質上努力。

阿伽沙的教義深奧，其人格也深受人們尊敬。然而，信奉過去可佳努斯（彌勒如來）的「理神論」的宗派，敵視阿伽沙並試圖取他的性命。其原因在於，可佳努斯強調神是理性的，所以在教義上重視科學性、合理性，而阿伽沙的愛、守護靈、指導靈等教義是非科學、非理性的。

聖可佳努斯宗派的人認為，阿伽沙教義迷惑了人心，會因此破壞亞特蘭提斯的優良傳統。

在這種情況下，阿伽沙如鶴立雞群，雖然他的高貴人格受到了民眾的尊敬，但對多數執迷於科學萬能信仰的亞特蘭提斯人來說，很難相信用肉眼看不見的守護靈、指導靈。終於，理神論派的人發動了叛亂，推翻以阿伽沙為首的王族，並將他們全部活埋在廣場底下。這時期的情形，與二十世紀末的情形很相像，在真理被述說的同時，亦出現了群魔亂舞的局面。

從暴動中死裡逃生的人，只有阿伽沙的長子阿蒙二世（AmonII）一人，他駕駛飛船從王宮逃到埃及。他到了埃及之後，積極傳播太陽信仰，這是阿蒙・拉（Amon Ra）傳說的起源。今天埃及金字塔的原型，即是根據阿蒙二世傳入的知識發展而來。

因為叛亂分子的暴動，致使許多降生世間持有肉身的光明天使，被處以死刑，其結局，看起來似乎是惡魔在亞特蘭提斯得到了勝利。然而，他們所製造出來的陰暗意念，遮蓋了整個亞特蘭提斯，引發了地球意識的反作用力，使整個亞特蘭提斯帝國在極短的一晝夜之間，便沉沒至海底，眼前的景象的確讓人難以置信。

這個文明與昔日文明一樣，突然有一天，陸地沉沒至海底，而宣告結束。然而，有一部分人乘空中飛船往現今的非洲、西班牙和南美的安地斯，繼續在各地傳播新文明之種。

九、向現代文明變遷

亞特蘭提斯大陸雖然沉沒了，其文明卻透過各種形式，在全地球展開。首先，逃到埃及的阿蒙二世，受到了埃及人像對神一樣的崇拜，他向人們宣揚對於光的信仰，同時還向以農牧業為主的埃及人，傳授了各種文明的智慧。阿蒙・拉在自己的信仰生活中，建造了個人專用的金字塔，這就是後世埃及金字塔的原型。

隨後，四千多年前耶穌・基督的前世，在埃及誕生了，名叫庫拉里奧（Clario），庫拉里奧將太陽信仰和愛的信仰融合起來，藉以引導人們。

另一方面，在南美大陸上，穆大陸和亞特蘭提斯的後代們相互合作，共同創建了一個獨特的文明。他們把外星人視為神，因此把與外星人交流做為文明的核心，他們為了讓外星人的飛行物方便著陸和起飛，曾在安地斯山區建立了太空船基地。

然而，距今大約七千年前，有位名叫利安托・阿爾・克萊德（Rient Arl Croud）的國王，降生於安地斯山區的古印加王國中，他明確地指出外星人不是神。克萊德對人們述說心靈世界的奧秘，神的存在不在外界，而是在人的內心，並且他告訴人們，人生的目的在於探索心靈世界的奧秘，同時藉由提高心境，使自己能夠更接近神。

利安托・阿爾・克萊德正是在穆大陸的拉・穆、亞特蘭提斯的托斯的轉生生命體。在後世，這個生命體以喬答摩・悉達多之名，也就是釋迦牟尼佛轉生於印度，弘揚佛法。九次元魂與四次元、五次元的人魂不同，九次元大靈是一個巨大的光能量體，與其說是同一個人轉生，還不如說是同一個生命體的一部分轉生於世間，耶穌・基督的轉生也是同樣的道理。

而在三千七、八百年前，宙斯轉生於希臘，正如同被人們稱為「全智全能」的宙斯，他在學識、藝術等方面十分精通。此乃因他在九次元世界是負責藝術方面，所以在他誕生的時代中能夠放射出華麗的文化之光。他的教義特徵是解放人性，他認為宗教方面的罪孽意識會造成人心的痛苦，要予以警戒，應該要培養開朗的性格。這也顯現在之後的希臘神話中，諸神明大多很開朗、豪放。

大約三千兩、三百年前，埃及誕生了一位名叫摩西之人。摩西是奴隸之子，他出生後不久即被放入蘆葦筐，漂放於河流中，幸被拾回王宮並扶養長大。摩西在成年後得知了自己的身世，便率領數十萬猶太民眾渡紅海，出埃及，走向迦南。

摩西曾多次接到神的啟示，其中最著名的是「摩西十戒」。

而在兩千年前，耶穌・基督誕生在以色列民眾之中，他向民眾傳播愛的教義，後來被釘上了十字架，隨後興起了「復活」現象，並在弟子們眼前出現。這當然是指做為靈體的耶穌以物質化顯現，他為了讓弟子們相信，與弟子們共餐。那並非是耶穌肉體的復活，這可從基督昇天之後所做的事情得到明確的答案。當時從靈界指導耶穌的有幾位靈人，其中海爾梅斯對於其核心愛的教義、信仰論以及復活現象進行了指導。基督教之所以能在後世成為世界宗教，是因為基督教捨棄了對古代猶太懲罰之神的信仰（耶和華信仰），進而信仰愛之神（愛爾康大靈）。雖然把耶穌釘上十字架的是猶太懲罰之神，但讓耶穌從一個預言家，成為基督（救世主），並使其教義在後世的羅馬帝國和歐洲各國廣泛傳播，可以說海爾梅斯系的諸希臘神靈發揮了很大的力量。

另一方面，兩千五百多年前的東洋，釋迦在印度傳播佛教，孔子在中國述說儒教；如此，佛法真理的種子播向世界各地，現代文明從此全面展開。

十、走向黃金時代

回顧近百萬年間的諸文明，可以歸結出以下五個共同特點：

1. 文明必有榮枯盛衰。
2. 神（或者說佛）必定會向各文明，派遣出偉大的光明指導大靈。
3. 在文明昌盛的後期，放射出最後的光輝時，若是出現群魔亂舞，陰暗意念雲霧遮蓋世間的局面，就必會出現地軸變化，大陸沉陷的巨大天地變異現象。

4. 新的文明在繼承古文明的同時，必然同時追求新的價值尺度。

5. 然而，無論是哪個文明，皆是為了讓人進行靈魂修行，在輪迴轉生的過程中，成為必要的修行之地，此為不變的事實。

根據這五個共同特點，觀察現代文明，可以看出，二十世紀末期酷似穆文明末期或亞特蘭提斯文明的末期。其理由在於，現今時代的價值觀偏向了科學萬能主義，加上唯物思想的蔓延，造成人心混亂和社會病態現象日益嚴重。雖說世上冒出了一些迷惑世人的宗教家，但在世界各地也出現了許多有良心的宗教指導者。

回顧過去的文明和觀察現代文明的狀況，便能明確地看到未來的情形，今天的文明已不僅僅侷限在某一個大陸上，而是世界性的文明。從這一點來看，若有天地變異現象發生的話，也一定是世界性的規模，而且在這幾十年之間很有可能發生。

根據上述內容，想講出如預言家的內容是很簡單的，因為我能夠預測，今後地球上將發生何種大災難以及人類的命運。

但我須先闡明，即使今後發生了何種混亂，那也不意味著人類世界的終結。過去的文明時代也遇到過相似的情況，當時的人也認定是世界末日到了，但是人類終舊還是重新建立起新的希望樂園和充滿光明的新文明。

文明與靈魂一樣，也具有生與死的輪迴轉生。地球的文明是循環的文明，所以希望各位能夠明確地了解到「舊的完結意味著新的開始」。

這本《太陽之法》，正是當今地球整體處於面臨落入黑暗深淵的危機之際，我接受來自九次元宇宙界的啟示所寫而成。當世界陷入暗黑之時，需要有燈塔指引、需要佛法真理之光。這本《太陽之法》正是冉冉昇起的佛法真理太陽，亦是開拓新文明之光。

人類正從數十年的大混亂和荒廢中，邁向廿一世紀開創新的文明。這個新的文明將會從亞洲開展，從日本傳佈至東南亞、印尼，隨後向大洋洲展開。雖然，現存的幾個大陸將會沉入海中，但在太平洋上將重新隆起昔日的穆大陸，成為一大文明圈。

歐洲及美國的部分地區，也將會沉入海中，但過去的亞特蘭提斯大陸會再次隆起，形成一個更加遼闊的大陸。而在西元兩千四百年左右，耶穌・基督將會再次降生於新的亞特蘭提斯大陸。此外，預計西元兩千八百年左右，摩西將再持有肉體，轉生於印度洋上重新隆起的加納大陸，建立嶄新的宇宙之文明。

本書讀者當中，應該會有許多人將在今後的時代，再次轉生世間，直接聆聽耶穌・基督和摩西的教誨。然而，出現如此未來文明的先決條件，在於讓這佛法真理的太陽於日本高昇。當世界陷入暗夜之時，日本將成為太陽，放射出燦爛的光芒。從這個意義上來說，各位誕生在這個時代，肩負著重要的使命。

曾於拉・穆的時代、阿伽沙的時代、釋迦的時代、耶穌的時代轉生，努力幫助過傳播佛法真理的人們，如今又轉生於世間，這些光明的菩薩散佈於各地，毫無疑地，也存在於各位讀者當中！

第六章

邁向愛爾康大靈之路

一、睜開雙眼

各位，你們絕非僅是轉生至人間一、兩次的生命存在。如同第五章所回顧的近百萬年歷史，其中陳述了諸文明、諸大陸的興亡與沉浮。這些轉生於各個文明的人們，和各位是完全不一樣的人嗎？那些人是偶然從世間冒出的嗎？事實絕非如此！過去生於各個文明，亞特蘭提斯人、穆人等等，其實不是別人，就是你們自己。各位自身的靈魂記憶寶庫，仍然記錄著你在過去轉生於幾十個、幾百個文明的經歷。這個記憶絕非只是具特殊靈能力的人所特有，這是每個人皆被平等賜予的靈魂記憶。只不過，人們在轉生於肉體時，遺忘了這個在長年輪迴轉生中所培養的睿智。

各位所認識的自己，其實不是你們真正的自己，那肉體只是一個玩偶罷了。肉體只不過是為了讓靈魂在世間修行的小船、車子。小船的掌船人、車子的駕駛人才是真正的自己，小船、車子不是你們自己。希望各位能夠覺醒：「有一個真正的自己，在支配著自己的肉體。」希望各位能夠遇見這真正的自己。

在十年、二十年的學校教育當中學習到的知識，就自以為自己懂了全世界，這種想法是一個極大的錯誤。如果不靠自己探究真正的自己，到底還有誰會去提醒你呢？為了能夠遇見真正的自己，你只能靠自身的努力，去探索何謂真正的自己。

那麼，遇見真正的自己，到底是指什麼呢？簡而言之，就是對靈魂實相的覺醒。為了覺醒於靈魂的實相，就必須要探究己心。如果自己不探究自己的心，到底又有誰會告訴你呢？所謂「覺悟」，即是遇見真正的自己，自己可以說出，何謂自己真實的心。換言之，就是自己可以說出「這就是我自己」。

人的靈魂是佛的分光，是佛表現自己的藝術。然而，因為人被賦予了創造的自由和行動的自由，便像孫悟空一樣，任性地肆意妄為。不知從何時開始，便忘了做為魂父的佛，忘了佛心，淹沒在欲望和煩惱中，汲汲營營於地上生活，忘記了實在界的天國，開始對地上界出現執著時，即決定了此人是必然地墮落。所以，當在靈界創造了和地上界相同的欲望、鬥爭的世界時，那即成地獄界。

了解自己，即是知道自己是佛子，即是知道佛心。所謂「睜開雙眼」，即是覺醒於自身的靈性，並向四次元以上的實在界敞開心扉。

若你對現在的自己很滿足，並滿足於現在的人生的話，你可以繼續地假寐。但若是你想要擦亮那真實之眼的話，就應從探究己心開始。通向佛國之路，即從這裡開始。

二、斷棄執著

為了要了解自己，就必須要做到捨己；為了要知曉真正的自己，就必須要拋棄虛假的自己。換言之，當察覺到虛假的自己之時，即是拋棄虛假自己的第一步。以下試著列舉出虛假的自己的典型種類。

1. 奪人之愛的自己

這想要奪取他人之愛的自己，是最典型的虛假的自己。根本佛創造了宇宙，人的靈魂、人的肉體，皆是佛所賜予的。佛賜予了太陽、空氣、水、大地、海洋、動物、植物、礦物，佛賜予了一切，然而，佛沒有要求任何回報。

生活在這「無盡恩賜」的世界中，人為何總是在想如何去掠奪他人之愛呢？佛已經賜予了如此多的慈愛，究竟自己要得到多少愛才會滿足呢？

愈是不知佛愛之人，就愈是會奪他人之愛。然而，自己想要去爭奪的愛，到底是什麼呢？難道那不過僅是一種世俗評價嗎？

這種世俗的價值判斷，到底有何意義呢？即使自己得到了那唯物觀點的評價後，到底又有什麼用呢？對自己的成長有什麼幫助呢？這種自私的愛，只會變成將自己和別人隔離起來的圍牆。最終即形成了像是動物園裡的鐵柵欄，把自己和整個地球隔離開來。

對此，為何還不懂呢？換言之，自己其實是持有著錯誤的執著。持有著執著之心，是無法得到真正的幸福的。

2.不相信佛的自己

最可憐的人，其實就是不相信佛的人、不相信是佛創造了世界的人，這種人把人的存在看成是男女的性結合，所得出來的偶然結果，這又是一種可憐的虛偽自己。

「我才不相信有佛的拯救！如果要我相信，先拿出證據給我看再說！」說這種話的人，實際上已經在對佛進行批判。此人或許自認為，自己已經偉大到可以評判佛。然而，人沒有辦法去證明那打從地球誕生之前，就一直護佑著人類的佛的存在。若要看證據，待死後返回靈界之後，就能看到證明。然而，到時已經太晚了，因為在陰暗的世界中，連自己都無法證明自己的存在，只會困惑不已。

3. 不求精進的自己

第三種虛假的自己，即是不求精進的自己。所謂不求精進的自己，即是指，第一，有怠惰之心的自己。第二，不學佛法真理的自己。第三，不公平看待他人的自己。第四，不率真的自己。

佛期待著人們做永恆的努力，所以不努力之人，則無法說是佛子。

你每天都有努力嗎？你每天都有認真學習佛法真理嗎？你是否如實地評價他人的實力和價值嗎？你的人生態度是否率真呢？不直率的人，是不會有進步的。不率真的人，是無法做到真正的靈魂學習的。率真本身即是美德，率真本身即是美德，率真本身符合佛心。因此，只說歪理，不傾聽他人之言的人，即是不率真的人。

4. 充滿執著的自己

虛偽的自己，即是充滿執著的自己。為了要認識真正的自己，就必須每日將佛心視為己心生活。所謂將佛心視為己心生活，即是指認識到世間是為了靈魂修行而存在的虛幻世界、遲早有一天終要捨棄一切回到來世，以如此心境度日。即便自己如何留戀世間，依舊還是必須踏上重返靈界之路。

人生無常，若不以一日一生的態度來看待人生，死亡可是不知道會在何時出現。在天國當中的人，沒有一個人對世間抱持著執著，然而，在地獄當中所有的人，皆對世間有著執著，絕對不可忘記這個事實。

三、熱血如火

「放棄執著」，可說是人生當中的重大決定。換言之，那是在永恆的人生當中，獲得幸福的英明決斷，但是這個決定，絕不是代表著要過消極、悲觀的人生。正是斷棄了執著，方才能開創積極果敢的人生。

看看世間的人們啊！充滿執著的人，可不是如此虛弱嗎？為什麼要執著於自己的地位、名譽，或者是和他人攀比收入呢？為什麼要執著於學校的名字或公司的名字呢？為什麼要執著於虛榮呢？執著於這些東西，到底又能怎麼樣呢？即使得到了世人的好評，那又能怎麼樣呢？若從存在於無限高遠大宇宙的根本佛來看，人類的執著之念，真的是多麼的空虛、短淺和渺小啊！對此，各位能夠明白嗎？

唯有斷棄世間一切的執著，熱血如火燃，這才是真實的人生，這才是做為佛子的人生，這才是為佛所認同的人生。

人在世間構築的地位、名譽、財產，死後皆無法帶到來世去，世間的頭銜在靈界毫無用處。各位可知道，過去曾坐過日本總理大臣位子的人，現今有多少人正在地獄受苦。過去人人稱羨的堂堂大公司老闆，同樣是有幾百人、幾千人，死後墮入了色情地獄、阿修羅地獄或畜生道。對此，各位可知道嗎？沉溺於錢財、女色之人，過了幾十年的快樂世間人生之後，到底要付出幾百年痛苦的代價，各位知道嗎？地獄絕非是虛擬的世界，而是真實存在的世界。

體悟到佛法之人，看到在地獄受苦之人時，就如同像看玻璃缸中的金魚一樣，一目瞭然。這些人皆有一個共通點，那就是對世間執著愈多的人，其痛苦也就愈深。

人即是心、即是魂。死後能夠帶回來世的，唯有你自己的心，心即是一切。當自己開始覺醒到，死後能帶回到來世的唯有「心」的時候，人生便能重放光芒。

既然只能帶著心回到來世，何不使這個心變得更美麗呢？那麼，什麼是美麗的心呢？當然，那必須是為佛所稱讚的心。為佛所稱讚的心，即是充滿愛的心，亦即施愛之心、勉勵之心、寬容之心、感謝之心。為了能夠持這樣的心回到來世，就應該透過磨練來提升心境。

執著的相反是什麼呢？那即是愛。因為，所謂的愛即是施予。在不斷勉勵他人，施愛的過程中，到底會有什麼執著呢？

所以為了要斷棄執著，首先就必須從施愛做起。你對撫養自己長大的父母做了什麼？為兄弟姐妹做了什麼呢？有沒有辜負了培育你成長的老師之期待呢？你為朋友做過什麼呢？對在人生路上所遇到的有緣之人，你做過什麼呢？為周遭的人們做過什麼呢？為戀人做過什麼呢？為自己的太太或先生做過什麼呢？在養育子女的同時，是否體會到當年父母的辛勞呢？是否原諒了一直在心中嫉恨的人呢？是否讓心中的怒氣平息下來了呢？是否回報了佛所賜予的愛，在人生道路上積極進取呢？

四、人生就是日復一日的勝負累積

斷棄了對於世間的執著，抱持著赤子之心，誓願日後要做為佛子生活下去，此時要以何為出發點呢？

此時你們應該做的，不是隱居山中、在瀑布下苦行，也不是禁口斷食、一昧坐禪。人絕非是為了隱居山中而轉生於世間，人也絕非是為了斷食而轉生於世間。兩千五百年前，印度的釋迦不是已經證明，這樣是無法覺悟的嗎？各位必須要察覺到，在如此肉體苦行之中，是沒有覺悟之因的。

無論是在肉體的快樂中，抑或是在極端的肉體痛苦中，皆不會獲得真正的覺悟。唯有捨棄這兩個極端，過中道的生活，才是佛所期待的生活。

雖說人即是心，人即是魂，但這並不代表可以隨意輕忽肉體。肉體是為了進行人生修行，透過父母之緣，從佛所得到的重要乘物。

有人花了錢買新車，自稱是自己的「愛車」，每天都擦得亮晶晶。但比起照顧自己的車子，為了自己的肉體健康，做適度的運動、攝取均衡的營養、維持一定的睡眠、過有規律的生活，更是重要。此外，也不應該過度攝取酒精，進而使自己的理性、知性發狂，讓靈魂都被支配了。如果自己已經到了沒有酒來陪伴，就難以度日的地步，終究會使失去理智，肉體也會被地獄惡魔所支配，這必會導致工作的失敗、家庭的崩潰。

在嘴上說要捨棄左右兩極端，走上維持中道的生活很容易，不過一旦實踐起來，就會知道這並非易事。所謂的中道，那是一條愈是思量、就愈是深奧之路。那麼，到底怎樣才能過中道的生活呢？衡量的標準到底是什麼呢？

要進入中道之路，首先必須要有兩把衡量之尺。首先即是以八正道為中心的自我反省之尺，另一把則是以愛之發展階段作為軸心的自我觀照之尺。

「八正道」即是指正確地觀察、正確地思維、正確地言語、正確地行為、正確地生活、正確地精進、正確地集中心念、正確地入定的教義。八正道的教義是以「正確」為基準，進而端正己心和行為上的極端傾向，它是一種找出中道的方法。換言之，唯有處於中道之中，才能夠度過與他人和睦相處的和諧生活。但是，若只是一味地進行反省，有容易產生消極和厭世的危險，對此要引以為戒。總之，如果太過於拘泥做自我反省，有時候容易使人生停滯不前。

好好地反省之後，接下來就應該思考，日後以何種心念、何種行為去表現出來。具體來說，就是應該要做「感謝行」。

那麼，「感謝行」指的是什麼呢？是對人說「感謝」嗎？的確，那是其中之一。然而，真正的感謝行，應該是更積極的。換言之，即是問問自己：「自己為他人到底貢獻了什麼？」那行為才是真正的感謝行。

那即是愛，即是施愛，即是不斷施予的愛，實踐無償的施愛。這就是真正的感謝行。對此，各位可以時時問問自己：「自己是處於『愛慕之愛』的階段？還是『寬容之愛』的階段？還是已經到了『存在之愛』的階段？」換言之，就是試著自我觀照自己的成長。愛的發展階段，是能夠確實量出自己成長的指針，其中存在著進步的空間。

「反省」和「進步」，這兩把衡量之尺能反射出自己是否過著佛子的人生。因此，人人必須每日反省，對自己極端的心思和行動有所警覺，每日觀照自己，看看自己的成長軌跡。當人能夠開始這麼做時，即能說人在每日的勝負中是獲得勝利的。

五、輝煌的人生

人生當中需要「反省」和「進步」，然而，如果說這就是人生的一切的話，也就太乏味了，人生還需要有「輝煌」的時刻。這到底是指什麼呢？

輝煌，即是指閃耀光彩的瞬間。如此閃耀光彩的瞬間，我認為有三種。

第一種瞬間，是疾病痊癒之時。疾病，可以說是人生的一種試煉。藉由與疾病對抗，此人的人性將面臨考驗。從兩個方面來說，疾病是一種試煉。其一，疾病會伴隨著肉體的痛苦，其二，罹患疾病亦會出現精神的痛苦。

首先，之所以會出現肉體的痛苦，其原因多來自不規律的生活、過度的疲勞，或者是此人的心念出現了某種問題。所以，患病之人需要察覺到，自己的心和自己的肉體都生病了，對自己肉體之所以會痛苦的理由，需要好好地反省。

八成的疾病，皆是因某種憑依靈附身所引起，亡靈想要使用他人的肉體，讓此人和自己一樣難過痛苦。其證據就在於，在去除掉憑依靈的瞬間，病人的高燒就會退下來，身心變得爽朗，這正是肉體很容易受到靈性影響的佐證。

憑依靈最討厭的就是「反省」和「感謝」，因為一旦病人開始反省和感謝，此人的頭部後方就會開始放照射出「後光」，漸漸地憑依靈就和此人的波長變得不合，進而就無法再附身下去了。為了讓後光能更進一步放射出來，就必須先解決自己的精神痛苦。

要解決精神上的痛苦，首先就需要逐一檢視自己的執著是什麼，然後勇於放掉。這樣說也許對病人有些嚴厲，但是當自己斷棄了執著，轉而持有不管何時死去都不會悔恨的心境，此時，透過在靈界的守護靈、指導靈的力量，佛法真理之光即會投射至病人的心中，使病情急速好轉，而這正是發生奇蹟的瞬間。曾經體驗過這疾病痊癒奇蹟的人，可以說此人造就了一個大的心靈轉折點和偉大的新生。此時的輝煌之光，不只照亮了自己，亦照亮他人的心田。

輝煌的第二種瞬間，是覺醒於信仰之時，沒有信仰的人生和持有信仰的人生，其差別就在於，一個是在暗夜中摸索而生的人，一個是提著油燈照亮前方之路的人。

三次元世界是以物質為中心的世界，一旦人心執著於物質，認為唯物主義是真理時，漸漸地，此人就會變成只追求快樂或好鬥之人。換言之，無視於佛存在的人，是最可憐的人。信仰是照亮暗夜的一道光芒，藉由這道光芒，盲目的人方才能看清實在界的真相。

輝煌的第三種瞬間，是透過「靈言現象」等獲得靈性啟示之時。所謂「靈言現象」是指敞開心扉，能夠接收到潛意識層守護靈、指導靈的話語。

一部分的靈能於新興宗教當中的「靈道現象」等，所講出的內容根本不值得一提，並且讓百分之九十九的人，於事後使其人格出現了損傷。相較於此，幸福科學的「靈言現象」，只傳遞獲得覺悟的高級靈之話題，在其靈言當蘊含著高度的法理，此為其特徵。因此，在接受高級靈的教義的同時，亦受到了他們的保護。並且，在學習法的過程中，自己亦能從中求得實證。如此能直接或間接體驗高級靈的靈言，此為人生的第三種輝煌的瞬間。

六、鑽石時間

為了活出強而有力的人生，就必須正確地使用有限的時間。人的靈魂轉世於世間，幾百年才一次，甚至有時幾千年才一次，換言之，那是相當珍貴的機會。儘管如此，大多數的人，非但沒有去深入探索人生的意義，反而是虛度了光陰，實在是太可惜了。到了晚年，察覺到佛的存在、對信仰有所覺醒，決心重新來過時，已經消逝的人生時間，早已像是流水一般，一去不復返了。

所以，在人生的早期就覺醒於佛法真理之人是幸福的，並且，若能以佛法真理為依據度過一生，更是至高的幸福。當然，這並不是說稍晚才遇到佛法真理的話，就什麼都來不及了。晚點才覺醒的人，若能夠度過充實的時間，一樣能有美好的人生。

人生當中有一個祕訣，那就是試著瞑想自己將死之際的感受。當自己快要死的時候，屆時會想些什麼、會感受到什麼，對此可以常常試著冥想。若屆時能夠認為「這一生過得很有意義」、「這段人生實在是太美好了」，就能夠說此人度過了幸福的人生。

反之，想想自己將死之際時，腦海當中盡是浮現出後悔之事的話，那麼只能說此人是很可憐的。如此之人在回到靈界之後，勢必要在高級靈的面前，誠實反省自己的一生。屆時，自己的一生將被投射在大庭廣眾的大螢幕上，其影像可是非常地清晰，無法做任何的掩飾。

死後回到來世的人，佛眼當中的自己到底是何種模樣，那將是一目瞭然的，屆時是容不下任何謊言以及詭辯。在眾目睽睽之下，自己即會醒悟到自己該去的地方是哪裡。前去地獄的人，是自己選擇墮入地獄的，那是因為自己已經知道自己是什麼樣的人，自己已經無顏前往天國。從物理學來說，粗糙的靈性波長與精妙的靈性波是不合的，或者是說，其意識體很接近三次元物質，所以重量較重，因而往下沉。

另一方面，也有人在回到實在界後，其他的人看到此人的人生樣貌後，送上鼓勵的掌聲。換言之，此人在生前曾察覺到自己人生的錯誤，進而向佛合掌請求原諒，並留下反省的淚水。當靈界的人們從螢幕當中，看到如此景象時，皆會拍手喝采，並拍此人的肩膀，要求握手。此外，若是從螢幕看到此人，為了傳佈佛法真理，不惜個人得失、奉獻一生，諸光明菩薩亦會欣喜落淚。

雖不知這是幾年後、或幾十年後會發生的事，但這必是各位將面對的光景。正因為如此，各位須常常問問自己，自己將死之際會有如何感受？不，應該是說，每天皆要自問自答：「自己是否過著，即便明天就要死了，也不會後悔的人生？」

要讓人生的時間如鑽石般閃耀出光彩，就必須要有如此意識和想法的轉換。換言之，就要想像自己瀕死的瞬間，試著反省至今的人生態度。這和站在善意的第三者的立場，對自己進行反省是一樣的。這就是活出鑽石時間的祕訣，亦是活出高密度輝煌人生的祕訣。

七、心懷夢想

人生要有夢想，沒有夢想就沒有希望。反省自己的過錯，改持善念固然重要，但光是轉負為零的人生、一加一減變為零的人生，這樣的人生是不夠充分的。

所謂心懷夢想，即是盡可能地設計出美好的人生。在建造房子的時候，建築設計師會畫出設計圖，工人們再依循設計圖，蓋出漂亮的房子。然而，你人生的設計師，不是別人而是自己。所以，如果你自己不先畫出明確的設計圖，那麼建造出來的房子，就會變成不像樣的形狀。在蓋房子的時候，既然是那麼注重設計圖，為何在打造自己的人生時，不慎重地畫出設計圖呢？如此人生是盲目的人生，世間有太多人過著如此雜亂無章的人生。

要畫人生的設計圖，無須思索得過於複雜，其重點在於有無懷抱著夢想？有無描繪了夢想？懷抱著夢想的人，和沒有夢想的人，這兩者對於人生的自信是截然不同的，對他人的說服力亦有所不同。

當你某日遇到了一位懷有夢想的人，在那一天中你應該會有幸福的感受，並且會興起「好！自己也要努力看看」的感覺，與此同時，應該亦會出現想要幫助此人的念頭。

「心懷夢想」，其中蘊藏著能使人心陶醉之物。至今，留下豐功偉績的偉人，沒有一個人在生前是沒有夢想的。既然做為人轉生於世間，持有那種想要往高處攀升的恢宏氣慨，是非常重要的。像結草蟲一樣，委身於世間，那不能說是謙虛。

「謙虛」，在自己不斷成長發展的過程，才有需要，當自己過著自信滿滿的生活時，就須謙虛地看待自己。「謙虛」，就好比是汽車的煞車，然而，只裝了煞車的汽車，是無法前進的，要讓汽車前進，最重要的是油門。如果沒有油門，汽車即無法發揮功能，而煞車是為了確保安全，避免交通事故才需要的裝置。

我曾多次告誡人們，要留意不要墮入了地獄。但不能因害怕墮入地獄，而每日總是戰戰兢兢地念佛、念阿門，若光只是這樣，此人不可能成為優秀的人。人生當中要有勇氣踏下油門，覺得速度過快的時候，再踩煞車就好了。如果自己過的是一個積極向上的人生，有時必須要檢查一下煞車系統有無故障。如果犯了錯誤就須立即反省，並修正自己前進的方向。之後，再勇敢地踩下油門就好。這就是所謂的心懷夢想，並讓夢想實現的步驟。

心懷夢想的效用，並非僅是畫出人生計畫圖而已，它還有一種神秘的作用。所謂的夢想，即是指心中持續的願景，這願景必定能夠傳遞給在實在界的守護靈、指導靈。實在界的守護靈、指導靈，總是在苦思如何守護和指導世人。然而，大部分生活在世間的人，思緒皆像泡沫一樣混亂，沒有堅定的人生目標，甚至就連自己想要過怎樣的生活都不知道。

對於這樣的人，到底要如何去守護和指導呢？若從最根本的問題開始指導的話，世間之人就會失去自主性。這種情形，充其量守護靈、指導靈只能向世人傳下「靈感」。

然而，如果是懷抱著理想的人，守護靈、指導靈只要考慮如何實現其夢想，並給予在實現夢想時，有所幫助的「靈感」就好了。所以，若能懷抱著確實的夢想，即能得到靈界的守護靈、指導靈的援助，實現的可能性即會增高。

這就是正確的自我實現。為了自我實現，首先必須要心懷夢想，之後，將夢想影像化，藉由祈禱，向守護靈、指導靈傳達自己的心願，終究夢想即會具體化。當然，夢想的內容必須要能提高自身人格，並結合人們的幸福。

八、奮起黃金般的勇氣

「勇氣」——聽到這一詞，我想不只是我一個人會湧起激情。每每聽到「勇氣」一詞，就會讓我想起那劈砍著大樹的斧頭，用那震天沉著的聲音，伴隨著生命脈搏的強勁躍動，喚醒沉睡的森林。只要具有這把勇氣之斧，人就可以砍倒那名為人生苦難的大樹。

所以，當你在人生中感到氣餒時，要想起自己手中有著一把勇氣之斧，當你自我憐憫、失望時，要察覺到佛賜予了你一把勇氣之斧。

人持著肉體轉生於世間後是盲目的，換言之，你必須依靠著五官感覺，一邊摸索著一邊生活。正因如此，在每個人出生時，佛皆賜予了一把勇氣之斧，希望人們都能夠勇敢地開拓那命運的森林，所以在每個人的腰際上，皆配了一把勇氣之斧。為何你察覺不到呢？在你叫苦連天，乞求他人前來援救、給予同情前，為何不去使用這把勇氣之斧，砍斷那束縛自己的命運之繩呢？

中國有一位名叫無門慧開的和尚（西元一一八三年～一二六〇年）曾經寫過《無門關》一書，其內容是禪宗四十八則公案，其中的第二十則公案題為「大力量人」，內容如下：

「松源和尚云：大力量人，因甚抬腳不起？又云：開口不在舌頭上。」

「無門曰：松源可謂。傾腸倒腹，只是欠人承當。縱饒直下承當，正好來無門處喫痛棒。何故？要識真金火裡看。」

「頌曰：抬腳踏翻香水海，低頭俯視四禪天，一個渾身無處著，請續一向。」

這個公案的意思是，人忘記了自己本身是有大力量的人，像是被世間的常識、觀點和醫生的話施了催眠術一樣，昏昏沉沉的，把自己看做是隨時都可能發生故障，唯物性質的肉體人身。然而，真正的自己是佛子，有著無限的力量。看吧！若藉由禪定獲得了解脫，就能夠發現自己的真姿是靈體，自己已成為俯瞰地球的巨人。所謂三次元銀河星雲（香水海）只不過是高次元宇宙下的一灘積水，一腳踏下去，這灘水會四處飛濺。與如此如來界、菩薩界相比較，六次元以下的人間悟境（四禪天），只是一個低下頭俯視，就能看到的世界。

從這個公案來看，似乎這無門和尚已獲得了如來界的悟境。一旦獲得了如來界的悟境，就能體會到人真正的樣子，絕非僅是宿於五尺肉身的渺小靈魂，而是一個向宇宙擴展的無限能量體。在禪定當中可以體驗到，自己的身體逐漸擴大，變得可以低頭俯視地球。

本來人就是如此大力量人，亦即人原本就是逍遙自在、通融無礙的存在。雖然如此，自己卻被三次元的感覺、學校教育和世間常識給束縛住，自己也開始認為「沒有靈魂、沒有靈界」，把自己的手腳都綁起來。一旦生病了，就直嚷著「我不想死、我不想死」，不知從何時起自己變成可憐、渺小的存在。

鼓起黃金般的勇氣，舉起那把黃金之斧，砍倒那迷妄的大樹吧！鼓起勇氣，奮力的衝破自己的煩惱、痛苦，以及命運的圍牆，奮起黃金般的勇氣，斬斷那束縛自己命運的枷鎖吧！

人生當中，懷有勇氣是很重要的，當你鼓起了勇氣，就會察覺到自己是個力量強大之人。然而，即便是個曾察覺到自己是大力量人，從病床上重新站起，試圖再創嶄新人生的人，即便是一個斬斷了唯物思想迷妄，對真理有所覺醒的人，在不斷地接受三次元物質界波動的影響下，不斷地承受三次元世俗的誘惑下，其力氣也將會逐漸消沉下來。

然而，正是在這樣的時刻，更是要咬緊牙關、奮力向前。在跑馬拉松的時候，途中一定會出現想要放棄比賽的艱苦時刻，可要是真的半途放棄的話，就意味著自己放棄了取得勝利的機會。

只要撐過那段艱苦的時期，不知為何，你就會感到腳步輕盈，進而跑完全程，太多人曾有過如此不可思議的經驗。游泳也一樣，在呼吸困難、想停下來時候，如能咬緊牙關堅持下去，終究會感覺到自己的身體和水波成為一體，進而能繼續游下去。

當然，人生和馬拉松、游泳不同。然而，同樣會出現必須忍耐痛苦的時期。當你咬牙度過了這時期，在你得到了自信的同時，亦更會感覺到佛的光明。

九、臥龍時代——青春回憶

以下向讀者介紹一下我的成長經歷。

小學時期高學年的我，是一個可以輕鬆地進行長時間學習的小孩，讓人不覺得是一個小學生。不斷努力讀書的結果，在我小學六年級的時候，整個學年的平均成績是九九點七。之所以平均成績沒有拿到滿分的原因是，有一次國語考試要求以記號作答，我因疏忽而將答案直接填入答案卷，致使錯失了幾十分的分數。

我的父親曾拿著我的成績，到他的朋友、某大學附中校長那裡，諮詢有關我升學的意見。這位校長的意見是，何止是能進附中，即使是「灘中學」（編注：日本著名的秀才中學）也能合格。但是當時我父親認為，將來如果要成為政治家，是需要得到家鄉支援的，於是建議我報考家鄉的中學。

後來，我報考了家鄉的川島中學，入學考試成績是第一名，平均分數是一百分，我以新生代表的身分參加了入學典禮。中學時期，是令我懷念的黃金時代，當時我曾擔任學生會會長、網球隊隊長、校內報刊編輯部總編，這些社團活動經歷，對於日後我的組織領導能力，發揮了很大的作用。

那時候我的成績是五百分滿分，比第二名的同學還高出了五十分之多，始終皆是維持第一名。此外，在全國性的測驗當中，也多次獲得全國第一，全校老師們都大為震驚。

中學三年級的導師曾對我說：「在別的班級中成績最好的學生，多會受到同班同學的欺負，但為何大家都會聽你的話呢？只要是你說的，大家都默默地跟著你做。」老師百思不解的樣子，至今還是那樣的清晰。我似乎從那時起就不僅是個秀才，還蘊藏著宗教家的領導魅力。

當準備上高中時，我決定報考當時第一志願的德島市德島城南高中。當時，為了避免市外的學生搶著進入市內學校就讀，所以德島市模仿了東京都的綜合入學考試制度，讓考試成績屬於前百分之十的考生，可以自己選擇想要就讀的學校，其餘百分之九十的考生，則依成績高低依序抽籤就讀當地的學校。當時我覺得怎麼可以透過抽籤來決定就讀哪間高中，所以為了能選擇自己志願中的學校，便更加刻苦用功。考試結果，我以最高分考進了城南高中。當時這所學校每年畢業的學生，都會有十幾個人考上東京大學，我從那時起便立定了要考進東大的志願。

高中可不像中學時代那麼快活了。高中開學後，我便在劍道社團中拚命練習，加上每天通學往返要坐兩個半小時的電車，總是因為睡眠不足，常常會有疲倦的感覺。我記得，我只能在搖擺不已的昏暗電車上學習英文，沒有多餘的時間對英語多下功夫。當時我在左搖右晃的電車中，右手拿著英文參考書，左手拿著英文詞典，鋼筆夾在手指間，學習英文文法和做練習題，看到如此模樣，竟然有個四歲左右的小女孩想要讓座給我，使我感到很難為情。

雖然不能否認讀書時間是遠遠不足，但我的成績仍是班上的第一名。我尤其喜歡國語（編注：日語），曾在高中一年級時，連續六次獲得了全國通信答題考試的第一名，這個成績大大增強了我的自信。至今為止，應該還沒有人能夠打破這個記錄。如果單從應付考試的觀點來看，雖說我在學習國語方面用了過多的時間，但這種努力形成了我日後大量讀書、寫作和在眾人面前演講的力量泉源。此外，地理、生物和大學入學考試沒有什麼直接的關係，但我對這些科目也很拿手。由於我在文科的英文、國語和社會等方面的成績都很不錯，所以在升上高二時，我為了彌補自己的短處，刻意進入了數學和物理等必修時數較多的理組班級。同學們皆認為我會報考東京大學的理科三類（醫學系），但我的志願卻是法學系。

我在高一、高二連續兩年的校慶上，成為話劇的主角。雖然我對同學們的推選感到很憤慨，但後來想想，話劇社的女同學們一直要我加入話劇社，或許我真的具備了某種才能。幾年之後，我在數萬人的面前舉行演講，那時我才後悔，要是當時有加入話劇社，多練習一下台風就好了。

高中三年級的時候，我再次轉回到了文組班級，這個班級的學生都很優秀，後來有五名同學考上了東京大學法學系，有一名同學考上了經濟學系。雖然我對於自己入學考試的分數不甚滿意，但在進入大學之後，我的在學成績是最高的，這讓我心情開朗不少。我在高中畢業時獲得了「松柏優秀獎」，順利地完成了學業。

為了準備考大學，我在一九七五年的年底，參加了某個知名補習班所舉辦的東京大學入學模擬考。當時的成績如果是報考法學部，可排名在前百分之十，如果是報考經濟學系或文學系的話，不是第一名就是前面幾名，這樣的成績讓我的心情輕鬆下來。之後，在正式的入學考試上，我的成績比模擬考成績還要高出三、四十分（滿分四百四十分），我默默地期待，自己的入學成績可以排在前十名。一九七六年的春天，我如願考進了東京大學法學系。

然而，東京大學法學系的學生，皆是從全國雲集而來的秀才，這讓我感覺到很不安。我發現不僅要在功課上勤奮用功，同時必須多多涉獵廣泛的課外學識。我抱持著這種想法日以繼夜地學習，不僅在法學、政治學方面認真研讀，而且廣泛地閱讀了社會學、歷史學、哲學、社會思想史、經濟學、經營學、自然科學和國際關係等方面的書，甚至英文原文書、德文原文書都讀得入迷。此外，或許是我具備了大學入學考試時，全國成績最高的英語實力，所以我發現我閱讀英文原文書的速度，都比教授和副教授快好幾倍。記得曾發生過一個有趣的事，某一天晚上，我到我常去的咖啡店，那一天我津津有味地閱讀著一本足足有四、五百頁厚，關於歐洲政治史的英文書時，咖啡店的老闆怕打擾我，竟然將其他來客謝絕在外，使我感到非常過意不去。

除了鑽研學問之外，我常在夕陽西下時，在宿舍附近的羽根木公園，或者是梅丘町附近散步，當有靈感時也會寫詩。有時我也會凝視晚霞，思索著希臘哲學家柏拉圖的靈界思想、西田幾多郎的「純粹經驗」和「見性」等思想。我從那時起，已經開始出現做為宗教家的精神覺醒。

就在幸福的教養學系（編注：在正式進入專業學系前的通識學系）的學年結束之後，我進入了法學系（專業學科）的學習階段。在學期間，我的成績始終排名在前，我還記得大三的春假期間，撰寫了政治哲學的研究論文，有一位美國女性政治哲學家漢娜・鄂蘭（Hannah Arendt），憧憬於希臘政治思想，我當時的論文題目即是「論漢娜・

鄂蘭的價值世界」。雖說漢娜・鄂蘭的英語受濃厚的德語影響，不易理解，但我還是讀遍了她所有著作。我每天撰寫論文直到清晨六點，花了兩個星期左右的時間便完成了論文。對此，雖然我的同學批評「這個論題太難了，令人費解」，但我的論文卻得到了教授的好評。「你的論文很成熟，日後若成為學者，想必可在學術界大顯身手。這篇論文若再加上序文，定且再把內容加倍擴大的話，便能超過從法學系畢業的助教在三年後寫的論文（博士論文程度）合格標準。但像你有這般哲學思想的人，能學好法學的實定法嗎？你是否在認真地學習法律呢？」

到了二十一歲時，我逐漸展露出學問的天資，但是卻輕視《憲法》、《民法》和《刑法》等實用性學問，如此強力地對於形而上學感興趣的傾向，很難糾正過來。教授對我期待的同時，也一直對我強調，「做為一個法學系的學生，應該重視學習通用於現實社會中的實用主義」。

雖然著手較遲，但我終究還是加入了在圖書館裡使用六法全書、閱讀判例的人群中。說實在話，我對於是否應該將法律學視為一門學問，內心存有疑問。譬如，對於《憲法》的構成以及其意圖是否正確，我從根本上持有疑問，這種想法一直無法從我的腦海中消失。而且，我對那些徹頭徹尾地拚命背誦條文、學說的同學，感到憐憫。我對於《刑法》的看法也是一樣，人為何能向他人施加懲罰？定罪的根據應該出自於哪裡？我無法心服於《刑法總論》中的解說，此外，我在《民法》與黑格爾的《法權利的哲學》的關聯問題上也有所懷疑。在學習《商事法》時，對思想豐富的我來說，總覺得《公司法》和《票據法》太過於實用主義了。

另一方面，在「政治學」的課程上，亦讓我感到有些失望，我感覺某位教授在結合柳田國男的民俗學和山本七平的日本人論，對「政治過程論」進行講解時太缺乏理論性。即便是在較感興趣的「國際政治學」上，也覺得站在左翼立場，反對日美安保協議的教授，雖然其理論很清晰，但我認為其結論是不正確的。這位教授對東西方冷戰的錯誤見解，在十幾年後蘇聯的瓦解中得到證實，當時我的直覺是正確的。

如此，我察覺到「法律學」、「政治學」的學問性的貧乏，最後醒悟到在東大法學系當中，已無人可為師了。

也就是說，我只能靠自己的力量去開拓前方之路。我當時考慮，自己今後要建立起經濟基礎，找出可令自己信服的學問，要是遍尋不著，便唯有透過自己的手，開創新的學問。

在大學四年級時，為了準備就職，我姑且對於司法考試做了準備。

我在司法考試補習班的模擬考試中，獲得了六次第一。曾學習過我寫的模範論文答案的同學，有不少人後來順利地通過了司法考試。之後，我在簡答考試中，獲得了超出合格分數多十分（滿分九十分）的成績，輕鬆地通過這一關，但我在論文考試的結果，卻與多數同學的預測相反，未能如意。因為我在答題時不是從務實的觀點出發，而做了學者式的回答。我當時在學問上過於成熟，以自己獨特的觀點，對學說和判例做了明確的批判。那些對於最高法院的判例，做了尖銳批判的答案，令評分老師退卻了。

對於此事，後來我試著問高級靈們的意見，發現到之所以當時不能順利通過考試，是因為他們不想讓我國家考試合格後，進到自己滿意的職場，進而使我放棄得到世間的成功，從而選擇成為宗教家之路。所以即便我當時如何努力，他們也決心不讓我在那條路上成功。

之後，某間綜合商社的人事主管三顧茅廬，懇請我就職於這間商社，並且在這間商社擔任常務，曾在史丹佛大學取得了ＭＢＡ的東大前輩，也前來邀請我進入這間商社。雖然我未曾預料會走上這路，不過我後來還是接受了邀請。

但這個決定未得朋友們的好評，有位同學說：「政治學科有一個推薦到日本銀行工作的名額，教授要推薦你，可是你為什麼要辭退這份好意呢？」此外，還有一位與政府機關有關聯的大銀行人事主管對我說：「在東大生司法短答考試上合格的人，是與私立大學學生水準不同的，最終百分之五十以上的人，能在司法考試上過關。而你是政治學科的學生，肯定是優秀的學生。」他也用令人欣慰的話勸我進這家大銀行工作。的確，政治學科的同學中，有一位在短答考試上受挫的同學，後來在國家公務員考試（高等考試）中獲得了第一名，進入大藏省（編注：財政部），可知這位先生說的話有一定的道理。然而，我對「背靠大樹好乘涼」的世俗哲學很反感，決心從零開始做起，以檢驗自己實力。不過，有些朋友善意地給我忠告：「你一不喝酒，二不玩麻將，又不擅長社交，更沒有去過國外，要做個商社的職員不會太勉強嗎？」在朋友們不斷的忠告下，我對自己這個選擇是否正確產生了疑問。

接近畢業時，我心中再一次激起了鑽研學問的熱情。當我讀了希爾提（Carl Hilty）的《幸福論》、海德格（Martin Heidegger）的《存在和時間》時，按捺不住自己還是想當思想家的心情，我為了尋找人生的答案，廣泛地閱讀了有關哲學、宗教的書籍。

十、大悟之道

一九八一年三月二十三日，照耀著春天陽光的午後，當天對我來說是個十分舒爽的日子。這一天我反省了自己包括學生時代的過去，並思索了未來的人生。我想要在三十歲左右成為思想家的心願十分強烈，彷彿那就是我的天命一樣。

另一方面，我也深刻地感覺到，如果經濟不能自立，就不可能有思想的獨立。當時我認為，做為商社職員維持安定的生活，累積社會經驗的同時，另一方面若能自己深入研究，前方之路必定能夠展開。

然而，忽然間，我感覺到房間裡有一種不尋常的存在，我覺得彷彿有誰要和我說話，我連忙準備好了紙和鉛筆。誰知拿著筆的手，竟然自己在紙上移動起來，紙上寫出了「好消息、好消息」的字跡，一口氣連寫了好幾張。我大惑不解，急問：「你是誰？」紙上的回答是「日興」的簽名。日興是日蓮六老僧之一，我接到了來自日興所降下的靈言。

我驚訝不已！我自己和日蓮宗毫無關聯，「好消息」一詞也是相當於基督教的「福音」，我直覺認為這是靈性覺醒的瞬間。更令我驚訝的是，我以此身感知了靈魂世界和靈的真實存在，人有著不滅的生命。

這也使我回想起，在兩、三個月前自己像是睜開了靈眼似的，眼睛炯炯發光，在自己的頭部後面像是放出了金色的後光。在以前的大學教養學系的時代，也遇到過類似的神秘體驗。當時我登上了高野山，走進了向深山延伸的小徑時，忽然清楚地看到了，未來的自己做為一個超能力者正在做工作的場景。此外，同年秋天我偶然在舊書店買到了一本谷口雅春的《神想觀》的解說書。某晚我做了唯一一次的神想觀，當時合掌的手中，像是通過了發熱的電流，我吃驚之餘也覺得奇怪，之後就不想要再碰那本書了，原本，我在讀這本書時，就覺得那是一種腐朽的思想。

而在小學高年級時，我還記得有一次發高燒臥床不起，幾度經歷了幽體脫離，遊歷了天國到地獄界的阿鼻叫喚地獄。我天生就具備了極為敏感的靈性體質，以及敏銳的直觀。

在日興的靈言自動筆記停止後，接著便開始了與日蓮的靈界通訊。日蓮向我傳達了三句話語：「愛人、勉勵人、寬恕人。」這暗示了我在幾年之後，要鞏固「愛的發展階段論」。

然而，我當時還以為自己的前世是日蓮宗的僧侶，在此後一年間，我以為日蓮期待著我去粉碎日蓮宗當中的邪教，多次從靈界當中與我通了訊息。

十一、基督的出現與佛陀的使命

一九八一年六月，耶穌・基督首次降臨，他以靈言的方式，傳遞了衝擊的真相，他用稍帶外國人口音和真誠的語調，傳達了充滿愛的言語。當時也在場的家父，也為這高次元大靈的魄力而驚愕不已。高次元大靈在降臨時，我除了感到耀眼的光芒之外，也渾身發熱，在其充滿光明的真理之言面前，我禁不住熱淚盈眶。

七月裡，我潛在意識層的寶庫開啟，在我自身意識的深層傳來了喬答摩・悉達多帶有古代印度語調的靈言。他熱情述說了我要傳遞佛法的使命，並且他告訴我，我即是釋迦魂的核心、亦即愛爾康大靈之靈性存在，其使命即是透過傳佈佛法，救濟一切眾生。他還明確地指出了愛爾康大靈的職責，一方面是體現象徵著愛、慈悲和信仰的阿彌陀如來（救世主部分），一方面是體現象徵著悟道、修行和靈界秘義的大日如來（佛陀的本質部分），兩者結合即是釋迦大如來。若前者先行，即是大救世主，若後者象徵化，即是比《華嚴經》或《大日經》中的毘盧遮那佛（Vairocana）更具根源性的大毘盧遮那佛（Mahavairocana）。

雖說我從小即生於具有篤實信仰心的家庭，也能夠直率地接受靈界的存在，但對這非同小可的靈性現象和重大使命，仍感到吃驚不已。

很明顯的是，我自身即是再誕的佛陀。以佛陀為中心，整理、統合天上界高級諸靈，以及世間諸宗教，開創嶄新的世界宗教，教導全世界的人們，開創新文明之路。我被賦予了揭開新時代序幕的使命。

然而，當時我還希望再花一些時間解明靈界的秘密，以及我認為在三十歲之前，還需要做些必要的人間修行，因此我並未立即辭去商社的工作。

然而，和我內心的糾葛正好相反，世間的齒輪往另一個方向轉動。從一九八二年至一九八三年之間，我被公司以研修生的名義，派往紐約總部。一個接到了基督靈言、背負著佛陀使命的人，竟在美國華爾街做著國際金融的工作。當時我在貝立茲（Berlitz）英語會話學校接受了一百小時一對一的英語會話訓練。之後在紐約市立大學接受教授的面試時，得到了「完美英語」（Perfect English）的好評，並且進入了全班皆是美國人的國際金融班。雖然在一起學習外匯交易理論的同學，皆是「美國銀行」、「花旗銀行」和「美林國際金融公司」等三十歲左右的年輕商業精英，但這並不能使我的心情開朗。我感覺到自己生活的人間社會與宗教現實之間，其不能消除的鴻溝正逐漸擴大。在我抬頭仰望商社總部所在的曼哈頓世貿大樓時，便想著：「到底眼前這個龐然大物是一種真實的存在，還是來自內心的聲音是真實的存在呢？」這對我自身的認識和信仰是一個考驗。

一年的研修將要結束時，我獲得了幾乎沒有前例的好評，上司要我從研修生轉任正式的紐約駐外人員，這對一個商社職員來說是求之不得的良機。但我一直放不下手中靈言集的稿本，於是謝絕了這個升遷機會，決定回國。對於一個商社職員來說，這是一個不尋常的無私無欲的行動，讓我向宗教家的境地紮實地邁進了一步。

回國後，我花了兩年時間準備，於一九八五年七月出版了《日蓮聖人的靈言》，隨後《空海的靈言》、《基督的靈言》、《天照大神的靈言》、《蘇格拉底的靈言》等等靈言集也相繼出版。由於當時尚任職於公司，便借用了父親的筆名，我只做為同著人。

然而，該來的時刻還是來了。一九八六年六月，耶穌・基督、天御中主神等諸神靈陸續降下靈言，提示我此時正是該立身處世的時刻了。我在七月七日的生日剛過後，七月十五日正式辭去了商社之職，向自由大地邁出了第一步。

同年八月底，我開始撰寫《太陽之法》（舊版），九月初完稿。隨後，十月開始撰寫《黃金之法》（舊版），十一月完稿。這兩本著作均在翌年出版，它形成了「幸福科學」出發的根本動力，我的理論書首次問世，喚醒了眾多的求道者齊聚而來。

十二、信仰我並齊聚而來吧！

一九八七年三月八日，我在東京的牛込公會堂，舉行了第一次幸福科學講演會，聽眾有四百人左右，講題是「幸福的原理」。「幸福的原理」由「愛的原理」、「知的原理」、「反省的原理」和「發展的原理」四項幸福科學基本原理組成。此外，最初「幸福科學」的基本方針是前三年以學習為中心，其間建立法的基礎，培養講師和鞏固營運體制，隨後再轉向大發展，開始從事傳道活動。

同年四月，發行了《幸福科學》月刊，月刊的論文和講演會的內容引導了整體的發展方向。在各種研修、研討會上湧現出了許多優秀的會員，構成了「幸福科學」職員和講師陣營的母體。

「獅子吼」震動了四方，講演會的參加者逐漸遞增。一九八八年在能容納兩千人的日比谷公會堂舉辦了講演會，聽眾爆滿。一九八九年的講演會，也讓能夠容納八千五百人的兩國國技館擠得水洩不通。一九九〇年，能容納一萬數千人的千葉幕張展覽場的講演廳也座無虛席。

在首次講演會的四年後，一九九一年三月七日，「幸福科學」正式取得了宗教法人的資格，走上了新起點。本尊為釋迦大如來，亦即愛爾康大靈。愛爾康大靈是九次元最高大靈，同時亦是能夠指導諸高級靈的再誕佛陀。

一九九一年七月，在東京巨蛋舉行了五萬人的「誕生慶典」。在「幸福科學」取得了宗教法人的資格那一年時，就已經是日本最大規模的宗教團體，就宗教界來說，是空前絕後的奇蹟。在這慶典中，我做了愛爾康大靈宣言，並闡明了自身作為大乘佛陀的使命，對此，各新聞媒體也向全世界做了報導，這些都預示著真正的宗教時代即將到來。同年九月，「希望的革命」拂拭了日本媒體所造成的陰霾，掃除汙染日本人的精神公害的運動正式展開。此為戰後的日本，向建設佛國土前進的一大轉捩點。

一九九一年十二月，在「愛爾康大靈慶典」，宣告了「幸福科學」已是日本的第一宗教團體，當時的信徒人數已突破五百六十萬人。

在一九九二年和一九九三年兩年間，幸福科學在鞏固佛教路線教義基礎的同時，還透過衛星轉播，向日本各地轉播了各講演會的實況，與此同時，全國各地不斷出現支持「希望的革命」運動的人們，信徒人數漸漸接近一千萬。

從一九九一年至一九九三年的三年間，進行的「奇蹟計畫」，獲得重大的勝利，「幸福科學」確立了以愛爾康大靈為核心的信仰體制。

一九九四年，開始進行了「宇宙大霹靂計畫」，在體制上從信仰轉向傳道，此時，正是幸福科學向世界宗教的境地飛躍的時刻。必須要告訴全世界的人們，主愛爾康大靈的出現以及其使命，地球歷史上最高的佛陀，最大的救世主已經降臨。

世界現今正逐漸被淨化，人類信仰愛爾康大靈，即能獲得最徹底、最崇高、最大的拯救。「信仰我並齊聚而來吧！」請各位向全世界的人們，傳遞這訊息吧！我即是你們的永恆之師！

附錄　愛爾康大靈的轉生如下：

①拉・穆（穆大陸）
②托斯（亞特蘭提斯大陸）
③利安托・阿爾・克萊德（古代印加帝國）
④奧菲爾利斯（希臘）
⑤海爾梅斯（希臘）
⑥喬答摩・悉達多（印度）
⑦大川隆法（日本）

原則上為九次元存在之靈魂兄弟所構成。

後記

本書姑且闡述了幸福科學正在傳佈的佛法真理之輪廓以及目的和使命。

在明快地說明創世記、愛的階段論、覺悟的構造、文明流轉，以及闡明了愛爾康大靈的真實使命的這一點上，本書是全世界絕無僅有的著作。

你要相信本書的內容，因為此書終將做成佛典、聖經普及於全世界。

在理解本書之際，希望讀者能留意，在舊版當中提及的靈界觀是「天國——地獄」所構成，而在本書當中則是以「在天國當中亦有表側和裏側之分」為觀點加以說明。本書大幅刪除了混於舊版當中來自裏側的靈界觀、價值觀、歷史觀，在理論上已變得十分清晰。相同地，舊版當中統一使用了「神」一字，而本書則優先置換為「佛」一字。做為佛陀的基本思想來說，如此說法較為正確。

此外，關於在舊版當中所使用的獨特宗教用詞，在幸福科學變為主流的過程中，不得已改為一般用詞。此舉是筆者不想讓閱讀這本會成為百萬暢銷著作的讀者們，耗費過多的精力去解讀其字義。

有讀者會認為光是本書一書，難以理解幸福科學的基本教義之整體樣貌，為此現正在構想寫下新的理論書，敬請期待。

一九九四年六月

幸福科學集團創立者兼總裁　大川隆法

HAPPY SCIENCE

幸福科學集團介紹

幸福科學透過宗教、教育、政治、出版等活動，以實現地球烏托邦為目標。

幸福科學

一九八六年立宗。信仰的對象為地球靈團至高神「愛爾康大靈」。幸福科學信徒廣布於全世界一百多個國家，為實現「拯救全人類」之尊貴使命，實踐著「愛」、「覺悟」、「建設烏托邦」之教義，奮力傳道。

愛

幸福科學所稱之「愛」是指「施愛」。這與佛教的慈悲、佈施的精神相同。信眾透過傳遞佛法真理，為了讓更多的人們能度過幸福人生，努力推動著各種傳道活動。

覺悟

所謂「覺悟」，即是知道自己是佛子。藉由學習佛法真理、精神統一、磨練己心，在獲得智慧解決煩惱的同時，以達到天使、菩薩的境界為目標，齊備能拯救更多人們的力量。

建設烏托邦

我們人類帶著於世間建設理想世界之尊貴使命，而轉生於世間。為了止惡揚善，信眾積極參與著各種弘法活動。

入會介紹

在幸福科學當中，以大川隆法總裁所述說之佛法真理為基礎，學習並實踐著「如何才能變得幸福、如何才能讓他人幸福」。

入會

想試著學習佛法真理的朋友

若是相信並想要學習大川隆法總裁的教義之人，皆可成為幸福科學的會員。入會者可領受《入會版「正心法語」》。

三皈依誓願

想要加深信仰的朋友

想要做為佛弟子加深信仰之人，可在幸福科學各地支部接受皈依佛、法、僧三寶之「三皈依誓願儀式」。三皈依誓願者可領受《佛説・正心法語》、《祈願文①》、《祈願文②》、《向愛爾康大靈的祈禱》。

幸福科學於各地支部、據點每週皆舉行各種法話學習會、佛法真理講座、經典讀書會等活動，歡迎各地朋友前來參加，亦歡迎前來心靈諮詢。

台北支部精舍
台北市松山區敦化北路 155 巷 89 號

幸福科學台灣代表處
台北市松山區敦化北路 155 巷 89 號
02-2719-9377
taiwan@happy-science.org
FB：幸福科學台灣

幸福科學馬來西亞代表處
No 22A, Block 2, Jalil Link Jalan Jalil Jaya 2,
Bukit Jalil 57000, Kuala Lumpur, Malaysia
+60-3-8998-7877
malaysia@happy-science.org
FB：Happy Science Malaysia

幸福科學新加坡代表處
477 Sims Avenue, #01-01, Singapore 387549
+65-6837-0777
singapore@happy-science.org
FB：Happy Science Singapore

國家圖書館出版品預行編目(CIP)資料

太陽之法：邁向愛爾康大靈之路／大川隆法作；幸福科學經典翻譯小組翻譯. -- 初版. -- 臺北市：台灣幸福科學出版, 2020.08
264面；14.8×21公分
譯自：太陽の法：エル・カンターレへの道
ISBN 978-986-98444-9-9(精裝)

1.新興宗教 2.靈修

226.8 109009906

太陽之法：邁向愛爾康大靈之路

太陽の法 エル・カンターレへの道

作　　者／大川隆法
翻　　譯／幸福科學經典翻譯小組
主　　編／簡孟羽、洪季楨
封面設計／Lee
內文設計／Lee

出版發行／台灣幸福科學出版有限公司
地址／104-029台北市中山區中山北路三段49號7樓之4
電話／02-2586-3390　傳真／02-2595-4250
客服信箱／info@irhpress.tw
法律顧問／第一法律事務所　余淑杏律師

總 經 銷／旭昇圖書有限公司
地址／235-026新北市中和區中山路二段352號2樓
電話／02-2245-1480　傳真／02-2245-1479

幸福科學華語圈各國聯絡處／
台　灣　taiwan@happy-science.org
地址：台北市松山區敦化北路155巷89號（台灣代表處）
電話：02-2719-9377
官網：http://www.happysciencetw.org/zh-han
香　港　hongkong@happy-science.org
新 加 坡 singapore@happy-science.org
馬來西亞 malaysia@happy-science.org

書　　號／978-986-98444-9-9
初　　版／2020年8月
定　　價／新台幣400元

廣 告 回 信	
台北郵局登記證	
台北廣字第5433號	
平 信	

IRH Press Taiwan Co., Ltd.
台灣幸福科學出版有限公司

104-029 台北市中山區中山北路三段49號7樓之4

台灣幸福科學出版　編輯部　收

請沿此線撕下對折後寄回或傳真，謝謝您寶貴的意見！

太陽之法

邁向愛爾康大靈之路

Ryuho Okawa

大川隆法

台灣幸福科學出版有限公司

太陽之法

讀者專用回函

非常感謝您購買《太陽之法》一書，
敬請回答下列問題，我們將不定期舉辦抽獎，
中獎者將致贈本公司出版的書籍刊物等禮物！

讀者個人資料　※本個資僅供公司內部讀者資料建檔使用，敬請放心。

1. 姓名：　　　　性別：☐男　☐女
2. 出生年月日：西元　　　年　　　月　　　日
3. 聯絡電話：
4. 電子信箱：
5. 通訊地址：☐☐☐-☐☐
6. 學歷：☐國小 ☐國中 ☐高中／職 ☐五專 ☐二／四技 ☐大學 ☐研究所 ☐其他
7. 職業：☐學生 ☐軍 ☐公 ☐教 ☐工 ☐商 ☐自由業☐資訊 ☐服務 ☐傳播 ☐出版 ☐金融 ☐其他
8. 您所購書的地點及店名：
9. 是否願意收到新書資訊：☐願意　☐不願意

購書資訊：

1. 您從何處得知本書的訊息：（可複選）☐網路書店　☐逛書局時看到新書　☐雜誌介紹
   ☐廣告宣傳　☐親友推薦　☐幸福科學的其他出版品　☐其他

2. 購買本書的原因：（可複選）☐喜歡本書的主題　☐喜歡封面及簡介　☐廣告宣傳
   ☐親友推薦　☐是作者的忠實讀者　☐其他

3. 本書售價：☐很貴　☐合理　☐便宜　☐其他

4. 本書內容：☐豐富　☐普通　☐還需加強　☐其他

5. 對本書的建議及觀後感

6. 您對本公司的期望、建議…等等，都請寫下來。

IRH Press Taiwan Co., Ltd.
台灣幸福科學出版有限公司